U0478726

管建刚
名师工作室
丛书

管建刚 \ 主编

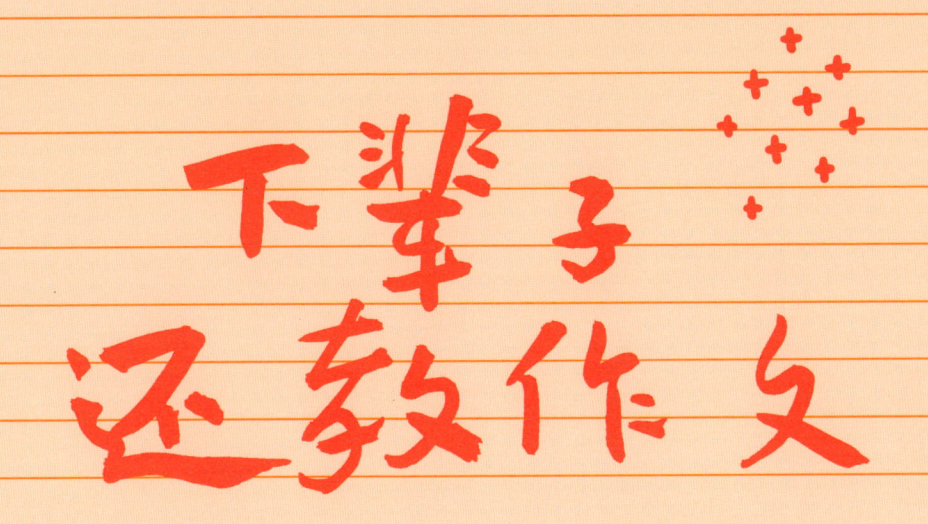

下辈子
还教作文

张登慧 著

海峡出版发行集团
福建教育出版社

图书在版编目（CIP）数据

下辈子还教作文/张登慧著．—福州：福建教育出版社，2022.9
（管建刚名师工作室丛书/管建刚主编）
ISBN 978-7-5334-9366-0

Ⅰ.①下… Ⅱ.①张… Ⅲ.①作文课－教学研究－小学 Ⅳ.①G623.242

中国版本图书馆CIP数据核字（2022）第074693号

管建刚名师工作室丛书
管建刚　主编
Xiabeizi Hai Jiao Zuowen
下辈子还教作文
张登慧　著

出版发行	福建教育出版社
	（福州市梦山路27号　邮编：350025　网址：www.fep.com.cn）
	编辑部电话：0591-83779615　83727542
	发行部电话：0591-83721876　87115073　010-62024258）
出 版 人	江金辉
印　　刷	福州报业鸿升印刷有限责任公司
	（福州市仓山区建新镇建新北路151号　邮编：350082）
开　　本	710毫米×1000毫米　1/16
印　　张	13.25
字　　数	176千字
插　　页	3
版　　次	2022年9月第1版　2022年9月第1次印刷
书　　号	ISBN 978-7-5334-9366-0
定　　价	35.00元

如发现本书印装质量问题，请向本社出版科（电话：0591-83726019）调换。

目 录

序 这个张张不简单！ 1

第一章 抬杠趣事

有趣的"抬杠"时光 1
"小老鼠"才华多多 9
猝不及防的幸福 18
与"睿儿"斗智斗勇 28

第二章 黑马背后

播下写作的种子 35
"心机涵"幸福成长 44
"太阳花"悄然绽放 55
"简评黑马"现江湖 64
逼出"班级小作家" 72

第三章 男孩心事

"班草"开始拔节 80
男孩也有心事 90
看见一地月光 99

打开你的心门 …………………………………………… 108
"蒲公英"向阳开 ……………………………………… 115

第四章　办报插曲

争做"班级富豪" ……………………………………… 122
享受"高光时刻" ……………………………………… 129
"意外"不期而遇 ……………………………………… 137
我有"专属快递" ……………………………………… 145
偶遇"真话尴尬" ……………………………………… 151

第五章　被"宠坏"的老师

感谢遇见，一路有你 …………………………………… 159
简评里的"爱恨情仇" …………………………………… 168
我的心里，你未缺席 …………………………………… 176
我是被"宠坏"的"孩子" ……………………………… 186
我醉在徐徐微风里 ……………………………………… 194

后记　遇见 ……………………………………………… 203

序

这个张张不简单!

管建刚

2018年暑假，张张老师成为我的见习徒弟。

没多久，我肠子都悔青了。这个张张，问题也太多了。

8月4日，离开学还早着呢，张张已经试着办《班级作文周报》了，并且来问问题了，还一口气来了四个问题：

①页眉和页脚按照您的方法来操作，可能版本不一样，操作失败。后面我去请教他人。

②作文中还有许多需要修改的地方，本想原文呈现。考虑到是第一次出版，质量不能太差，做了些小小的改动，不知怎样安排更合适。

③如果让每个孩子拿到报纸实现起来有些困难，怎么办？

④看了您的《我的作文评改举隅》，每一篇都改得很细致，这样的修改是如何呈现给学生的？是张贴班报，像书中一样具体呈现一篇细致修改吗？

用她的话来讲，暑假练练手，一开学就可以进入熟练工。这个张张不简单，有一骨子干劲。

这还只是一个开始。

张张的问题一个接着一个。

○向您请教一个问题，初选录用没选上的稿件，您是怎么处理的？

○邓义礼同学的"张灭霸系列"写到了8，我现在有些犹豫，是让他继续留心这个内容，深入写下去，还是引导他转移目光改换题材？好像各有利弊，请问您觉得哪种方式好些？

○仔细看了您今天的分享，我也愿意出教师千字文。现在有一个困惑，周报版面严重不够用，既要照顾后进生，也不想刷下优秀习作，每月出增刊，现在才十二月第三周，增刊版面也要满了。想启用分版而治又没考虑好方案，采用积分系统的话，学生的作文越来越长，版面更成问题。想过换成大报纸，一来要去外面印不方便，二来又担心版面太足削弱竞争机制，六十一个娃娃的大班额，终选好纠结。请问可以怎么解决？

○我有个疑问，孩子们这样"发疯"似的写简评，会不会造成对其他学习的影响啊？有些孩子，特别是班级小作家和班级大作家，想停下来喘口气，又不甘心，可不可以给他们一点特权，比如周末只写一个每日素材，可以不写每周一稿呢？班上孩子作文的两极分化越来越明显，我知道不能削峰填谷，但是，家长之间的比较，好像给后进生造成了一定的困扰，这些可以怎么进行调整呢？

○本周出了两期《周报》，正常出刊一期，班级大作家专刊一期。班级大作家专版上的文章可以说是篇篇精彩，可以怎么合理利用，让他们发挥出更大的价值呢？上《周报》讲评课是把两期报纸整合起来，还是可以用其他什么方式。您的专刊是怎么处理的？

一个学期马上要过去了，总该可以清静清静了吧。张张的微信又来了：

①寒假准备继续写每日简评，也准备采用您书中说的打赌的方式，开学的时候还准备评选十五个简评最佳写手。有一个疑问，就是假期如何批阅每日简评。每天拍照上传感觉不够现实，也比较麻烦，还有其他的什么好办法吗？

②我寒假也准备接着出《周报》。记得您书中的方法是直接终选录用，结合班上的实际情况来看，直接终选，版面肯定不够用，如果不直接终选的话，可以采用哪些比较科学合理的办法，让努力的学生可以有收获，又怎么去激发那些没有坚持力的学生呢？

张张说，这学期接近尾声，孩子们的热情依然比较高，担心假期操作不当的话，就一遭回到解放前了。

办《班级作文周报》的老师不少。怎么算真正办的呢？我有一个简单的衡量标志：寒假、暑假是不是主动办，寒假、暑假是不是不停刊。头一个寒假，张张就自发地办寒假专刊，这个张张不简单！

新学期开学了，张张的问题也开学了——

○目前评了17个班级小作家，其中8人出了小作家专栏，这些人的稿件不需要拼手速，存起来出专版；另外9人稿件需要继续拼手速，专栏稿件从每日简评里面产生。担心，后面班级小作家越来越多，参与投稿的人数越来越少，《周报》丧失了竞争力，作文高手出专栏专版去了，稿件质量也可能出现下滑，该怎么来调整？

○孩子们对卡的看中，远远超乎我的想象。《周报》活动初期，孩子的刊用纪念卡一不小心不见了一张或者两张，很伤心，看着他们很失落，不忍心，采用了"二补一"的办法。我提醒大家，卡要保管好，漏掉了就面临着"舍财"的风险。可是，生活中偏偏有那么多的意外。一个男生丢了所有的卡，据说哭了整整一晚上。以前说过，不小心掉了卡，每日素材一天写完两页可以补发一张，一张两张还行，要补齐十几张卡，谈何容易？我觉得，这个卡还是要补的，可是怎么补？没想好。求支招！

○最近看您在研究应试作文，做了关于应试作文的讲座，我很感兴趣。您的讲稿可以发给我学习一下吗？今天我们六年级进行了月考，成绩不理想。发现我班的孩子自由作文洋洋洒洒，可是应试作文还是有些问题，首先是篇幅不够，也有偏题现象，我想找到一些具体的训练方法。想拜读您的《考试作文的四个提分点》。

○班级大作家和班级诺贝尔文学大师出专刊的档期实在太紧，该怎么解决？目前，我的《周报》一周两期，一期专刊一期正刊。正刊上推出两位班级小作家，专刊是一周大作家一周诺贝尔交替出刊，手头上有五位诺贝尔、四位大作家、四位小作家的稿件存留。小作家的稿件还可以面前解决，大作家和诺贝尔的稿件，要七周之后才能出完，七周之后都快毕业了，后面再上传的稿件该怎么处理呢？

学问学问，要学就要问。没有"问"就没有真正的"学"。张张是真问，张张是真学，张张是真干。如果不是真干，不会有这么多实实在在的问题；如果不是真学，遇到了问题只会埋怨和退缩。

2019年2月，张张在我们"后作文时代"公众号连载了《保持旺盛而持久的写作热情的秘密，我找到了》，共六期。张张的秘诀分为九点：（一）保护孩子的真话意识。（二）让孩子在良性的竞争中成长。（三）一系列助力活动要找准孩子的兴奋点，活动的代入感要强，具有神秘感；奖品设置要对学生的胃口。（四）不吝表扬，让学生充分体会写作带来的荣誉和尊严。（五）不忘激励，磨炼孩子的写作意志。张张说，第一个倦怠期可能在开学一个月左右，期中考试前后也可能会出现写作倦怠；期末考试，学习任务重，考试压力大，学生也可能进入"倦怠期"；放假，最容易出现写作倦怠期的时间。（六）开设"张张心语"，唤醒交流意识。（七）教师示范就是写作唤醒。（八）鼓励孩子多种形式的"创作"。（九）和谐的师生关系，让学生没有后顾之忧地写。4月张张又在"后作文时代"连载了《学生的写作劲头，到底是哪儿来的?》连载完后，我沉思了一会儿，给张张发了一条微信：登慧，你的关于作文教学的故事和思考，继续记录积累，争取纳入"管建刚名师工作室丛书"出版。

那是2019年4月6日。

5个月后，2019年9月，张张整理了18个作文故事，约9万字。到2020年10月，张张完成初稿，约15万字。我跟张张说，删掉三万字的水份，出版12万字就可以了。修改文字，修改书名。直到2021年8月，《下辈子还教作文》才得以定稿。近两年时间的来来回回，我跟张张说，"还可以再改改""想想，还可以有更好的"，我否决了一次又一次，我没有听到张张的一句抱怨。

张张不简单！

2019年我开始研究习课堂。张张不是最好进入习课堂的人。张张甚至算比较晚的一个。

张张是做了对比实验才决定加入习课堂的。一个单元，张张用传统的方式上课，认真备课，认真上课。另一个单元，张张用习课堂上课，认真备课，认真上课。两个单元下来，学生的状态差别很大，张张这才宣布，我要做习课堂了。张张不盲从。张张的习课堂，期末平均分做到了99.5。张张这个女人不简单。

张张在重庆万州教书。

有一段时间，万州流行一种网红面包，叫"脏脏包"，上面有一层巧克力粉。几个孩子买了"脏脏包"给张张吃，张张当然要很喜欢地吃了。于是，隔三岔五有学生带来给张张吃，于是，学生叫喜欢吃"脏脏包"的张老师"脏脏包"。巧了，张老师姓张，跟"脏脏包"的"脏"近音，于是"张张"就叫开了。

张张的作文教得好极了。

张张说下辈子还教作文。你要是读了这本书，看了书中的作文故事，你一定说，这样教作文，下辈子我也愿意。

第一章　抬杠趣事

有趣的"抬杠"时光

（一）

本来，我有个挺满意的"诨名"——张张，可自从小邓的"张灭霸"系列简评走红之后，"张张"这一名号便被"张灭霸""灭霸张""张大仙"等"美名"取代。

事出有因。

《周报》活动启动初期，为鼓励孩子们写出不一样的素材，我特意制造了一些"事故"，成为孩子们"口诛笔伐"的对象。小邓，就是拿起笔来攻击我的超级"狙击手"，硬是把我写成了"恶霸"：

我们十班有位无所不能的张张，她又凶，又烦，又讨嫌；能吃，能喝，能打人。她成了十班的"主宰"！

我最近有点"飘"，在"张神儿"面前都敢耍大牌。自习课，崔胖儿遇到难题，大声嚷嚷，"张大仙"不乐意了，眼神里充满了杀气。崔胖儿警觉地闻到了火药味，怯怯地望向"张大仙"。我还补一刀："再说，张张就要把你卤了！"话音刚落，那凶恶的眼神又投向我。不好，引火烧身！"张大仙"似乎要把我吃了，睁圆的大眼久久不闭……

鼓励孩子写真话，老师最好拿自己开刀。三年级起，孩子们写我从没客气过："张老师这只千年老狐狸""张老师发起怒来，就像一头豹子"之类的语句不时出现在作文中，但仅仅有少数孩子敢去"摸一摸老虎的屁

1

股"，而大部分孩子，并不敢敞开心扉，有所顾忌。小邓这篇火药味十足的文章，让我眼前一亮。我很高兴地打了有史以来的最高分。小家伙尝到了甜头，一发不可收拾，开始了"张灭霸"恶行的"追踪报道"：

可恶的"张灭霸"

……

明知本人的弱点是想象力，一脸坏相的张张故意为难我，请我展开想象，说说渔夫会说些什么？我一脸懵懂，双眼直发愣。糟糕，末日来了。我害怕得连站也不敢站，头左右摇晃着。她又提声高喊："萌娃——"这就尴尬了啊！我只得硬着头皮站起来，战战兢兢哀嚎："我不会……"同学们哈哈大笑。

……

张张，我记住你了，日后我一定要报仇！哦！对了，我又给你取了个名儿，叫——"张灭霸""死神张""噩梦张"，还有……"张张是只母老虎"！你觉得哪个好呢？（个人觉得"张灭霸"好听些。）

看到留言，我很"配合"地回答了"张美丽"三个字。你来我往，这孩子和我"杠"上了，天天用文字跟我激战，写了《处处针对我的"张灭霸"》《邓义礼的树桩上不会撞死第二个"张灭霸"》《片甲不留的"张灭霸"》《想欺负"张灭霸"？不可能！》等一系列的"每日揭发"，我也在他的"讨伐"与"控诉"中乐此不疲。

处处针对我的"张灭霸"

如今，我真和陈可为站在同一战线上了，因为我们有共同的敌人："张灭霸"！曾经，遭殃的是他；现在，该我接班了。哎，只要是"张灭霸"看上的人，无论是学霸或学渣，疯癫或文雅，都会得到她的"优厚待遇"！这不，我就"中奖"了……

午餐，很多孩子挑食，我下了死命令，"不吃完，不准出门洗碗。"为躲避我的监管，他费尽心机：

"张灭霸"没有第三只眼

……

所有人差不多都认为，"张灭霸"后脑勺多了"一只眼"。今天，才发现隐藏了五年的惊天大秘密：她没有令人畏惧的"第三只眼"！

"张灭霸"下了死令：必须要把饭吃完才能出门。门关由"灭霸"亲自把守！"灭霸"守关很严，几乎不可能从她眼皮子底下溜走，但我很想尝试一番，专门剩一点饭菜，等"张灭霸"的注意力转移时，我抓住了那0.00……1秒的机会，从她的眼下溜之大吉！还在她背后做鬼脸、拍屁股，可她毫无察觉。

……

"张灭霸"拿出了"狗粮"，引得许多人眼前一亮。嘿，时间正好，"狗粮"也多，偷！我使出"手工夹子"一点一点地伸向口袋，一旁的同学也默不作声，看着这一出好戏！近了近了！我控制住呼吸，大功告成——夹住了！"张灭霸"依然在努力工作。

以上两点可以断定——"张灭霸"并没有传说中的第三只眼。相反，她一定老眼昏花！

孩子们下课之后总喜欢到我办公室，探探上报情况，看看作业，聊会儿天，或者干脆"混吃骗喝"。"狗粮"是我放在办公室加班备用的营养麦片。这是"高级食品"，我不会轻易赏赐，孩子们也借着它开起了玩笑。其实，他的三脚猫功夫哪里瞒得过我的眼睛，我不过静观其变而已。跟孩子打交道，把自己变成儿童，葆有一颗童心，才能真正走近儿童。

自以为聪明的小邓，最终还是栽在我的手里。

3

邓义礼的树桩上，不会撞死第二个"张灭霸"

悲催的我，竟为了一个"五星好评"，断了后路……

午餐，"张灭霸"一如既往地跷起二郎腿，把守门关。我们嘴皮子不能动，大气不敢出，要死要活地埋头苦吃"黑暗料理"。想逃出"求生之门"，难。

聪明机智的我，当然不会呆头呆脑地等"灭霸"检查了。

拿个人当挡箭牌，我紧贴在身后，等"灭霸"检查他的碗时，我就开溜。正好，前方有一大批"军团"，嘿嘿……我紧随其后。看准时机……唉，怎么停了？糟糕，计划出错，行踪暴露！"张灭霸"定定地看着我："还想溜啊？"额——计！划！泡！汤！

……

收获了一长串的五星好评和我的"恩宠"，小邓迈着"六亲不认"的步伐行走十班。我在全班朗读他的文章，夸奖他会寻找生活中的点滴素材，并煽情地告诉大家："管建刚老师看了这些文章后赞不绝口，一定要这几篇文章的电子稿件，邓义礼，抽空传给我哦。"那一刻，他又收获了全班同学羡慕嫉妒没有恨的注目礼——"管建刚"是孩子们心目中神一般的存在啊！

"张灭霸"系列给学生们带来启发：原来写作文可以这么放肆，还可以深入地关注一个人，写"系列连载"。从此，小邓和"张灭霸"的关系日益改善，小邓迅速变成了"一步登天"的宠儿；而我，闯荡江湖，有了一个响当当的名号——"张灭霸"。

（二）

其实，小邓一直是个比较内敛的男孩儿。中规中矩的个子，中规中矩的行动，和老师交往也"不越雷池半步"。见了面，规规矩矩问好，他礼貌有余，童心不足，乖巧得不像个孩子。

　　他学习挺不错的，是数学学霸，不尽如人意的地方，就是作文。他很认真、很努力去写，总有语言啰唆、不切要害之嫌。我也花了些力气帮助他，但收效甚微。可《周报》活动启动后，老师的鼓励催生了他真话意识的觉醒，那些作文里的毛病居然不治而愈了。孩子意识到作文可以说真话后，很享受写作带来的快感，"每日简评"天天写长文，大有一发不可收拾的趋势。十月，小家伙早早写完了一本"每日简评"。他创造了一晚上写三篇长文的纪录，并声称，以下是"狂人日记"。三篇写完之后，小家伙留言：硬着头皮也要写完，为了优先刊用卡，拼了，明天也许还会有。是"也许"，他给自己留了后路，怕不能兑现承诺。我决定给孩子减压，留言告诉他：明天不要"也许"了，坚持每天写好一篇就够了，学习是场马拉松，写作也是。我的劝告并不能削减孩子的写作热情，那段时间，他心心念念的都是简评、初选、终选。上报与否，成了孩子心情的晴雨表。

我为作文狂

　　"初选初选——"我眯着眼睛，紧张地捧着作文本，小心翼翼翻开，看见蓝色印章的边框，激动的心快蹦出来了！可高兴不过三秒——写的时候，我就在修改，如今没地方可圈、可改了，该怎么过终选呢？

　　我提起红笔，反反复复看了几遍，才改了三四句话。就在眉头紧锁之际，李睿欣神不知鬼不觉地溜到了我的身后……

　　我求了半天，可到头来，她就改了两个标点，这下我要"发狂了"。

　　这样一个狂人，持续发力的结果就是一次又一次上报。

　　我想把机会留给更多的孩子，也想人为地制造一点困难。小邓已经连续上报八次了，版面紧缺，该让他"被歇菜"了。哪知，不上报的悲伤，逆流成河。

我为作文悲

鄙人现在的心情，一个字——悲，两个字——很悲，三个字——超级悲。

"张张我有没有进终选啊？"我厚着脸皮问，那一刻，小心脏扑通扑通跳着。

"没有哦。"张张满是得意。"灭霸"，我见过得逞的，看过得意的，就没遇到你这么嘚瑟的。

"啊？真的假的？你莫骗我哟！"这噩耗，如晴天霹雳外加一朵雷云。

"真的。"

看她一副幸灾乐祸的表情，我半信半疑，耷拉着脑袋回到了教室。

不知过了多久，作文本发下来了，我立马放下手头的事情。啊——一道闪电瞬间将我击垮，印章呢？红色的印章呢？no——我的九连胜啊，一命呜呼了。我的心，碎成了渣渣……

一系列的文章获取好评之后，小邓发现老师也没有想象中的那么"面目狰狞"，他开始和我"套近乎"。不是缠着你问："张张，我的作文录用了没？"就是打探消息："今天的家庭作业多不？"不是趁机溜进办公室"讨录用章"，就是趁火打劫"偷狗粮"。走廊上碰见，我总喜欢攀着他的肩膀，捏捏他胖乎乎的"包子脸"。不过他也还算"有点良心"，经常带来零食"孝敬我"，他还会借用文字卖乖："张张，看到这个蛋糕，你是不是特别特别幸福啊？告诉你，我还没有给爸爸妈妈买过蛋糕呢！你是不是特别感动？""张张喜欢吃辣条，来一包。""嗯，张张经常坐在电脑面前，得吃点巧克力。""对了，零食没有营养，要带点坚果补充能量"……那些寒冷的冬日，走进办公室，经常会被桌上的零食和可爱的小纸条，温暖感动得一塌糊涂。这些暖意，来源于那个可爱"小暖男"，那个嘴上叫我"张灭霸"的小暖男。

（三）

　　期末了，小邓写了篇特别煽情的"情书"。课上，看孩子们复习有些心不在焉，干脆分享每日简评。欣赏了徐徐和袁雨涵的，我爆料说小邓给某人写了一封"情书"，要不要听啊？一听"情书"，同学们一下子来了精神。我朗读起来，教室里安安静静的，流淌着我并不甜美的嗓音。"情书"公之于众之后，他的脸红得不好意思见人，可是又涩涩地抬起头来，悄悄地打量着那个"他不忍分离的人"，跟她不好意思地"对视良久"。

　　他的情书，引来同学们燃烧的妒火。因为，那封"情书"，是写给——我的。

亲爱的张张：

　　我给你取了许多绰号，但中意的却只有这一个。在这一个亲切的呼唤声中，饱含了多少我们对你的爱，蕴藏了多少我们对你的念。每当亲切的呼唤声响起，心中便有了几丝温暖，滋润着我的心田……

　　张张，你起早贪黑，日日夜夜地工作，不是为了自己，是为了我们。我们六十一个人都很感激，只是有点腼腆，不太敢表白。你都快要四十了，每天这么劳累，我们看着也有些心疼——你说过"身体是革命的本钱"，可你自己都不怎么照顾自己，基本上都是在教室或者电脑前度过一天——我真担心你的身体会累垮。你一定要多看绿色，多加运动，多点微笑，这样才会健康每一天。

　　张张，如今我俩的关系越来越亲密了，我对你的爱倾注太多，我真担心这样下去，以后会更加思念你，小学毕业后——那我的心不也就碎成渣了吗？

　　张张，我舍不得你。所以，我要在六年级下学期好好珍惜你、照顾你，在毕业考试时，我一定不辜负你对我的期望！这一切的一切都是因为——

"爱"……

　　祝你

美貌永存，阖家幸福，健康长寿！

　　　　　　　　　　　　　你的"宠妃"邓义礼
　　　　　　　　　　　　　2019.1.11

　　这"情书"，还引发了一场"男人间的较量"。

　　回办公室的路上。为为冲到我面前，一路撒娇，缠着问我最喜欢谁，又有几个小屁孩儿一下子把我包围，一定要问个究竟。我答都喜欢，孩子们依然不依不饶，想要确切答案。吃饭的间隙，小邓和为为杠上了，非要争个你死我活。看着小邓跟我肩并肩走进教室，为为冲过来，从中间把我俩分开。午餐时，为为笑眯眯的，一脸讨好地问我喜欢谁，还不准小邓靠近我，冲他嚷嚷："张张是我的。"一直喜欢逗为为玩儿——长得帅，嘴巴甜，最重要的一点是脸皮厚，怎么说都不生气，总是笑眯眯地望着你。我说，你有本事拿起笔来写啊，写出像邓邓那样的甜言蜜语，我就喜欢你啊。他一脸无奈："我写不出来啊，但是我会说，我就跟他说。"于是他俩你一言我一语斗开了，都说"张张是我的！张张是我的"，引来孩子们的阵阵笑声。后面，他们干脆约定，饭后"一决雌雄"。呵呵，这是准备用"男人的方式"解决问题吗？看着他们的争斗，我抱着看热闹不嫌事儿大的心态，默默观望，优哉游哉地吃着碗里的羊肉。说时迟那时快，忽然，教室里传来小刘响彻云霄的魔性男高音："都不要吵了，张老师是我的！"教室里又爆发出一阵大笑。这时候，为为又把矛盾的苗头指向了小刘，他们一边笑着一边闹着，一边争论着，我默默地看着他们。

　　你们在闹，我在笑，简简单单的日子，真好。

　　写到这里的时候，眼前又浮现了邓邓那"小人得志"的嘚瑟和为为他们满不服气的憋屈……

"小老鼠"才华多多

（一）

书桌上有两本精美的"书"，米白底色的封面，精美的边框，小小的树枝拼接成了一棵姿态优美的小树，两条斜斜的电线交叉着横过树枝，一条电线上疏密错落地悬挂着几只漂亮的鱼骨，另一条电线上挂着一只肥硕的老鼠，它望着树枝上的香蕉流着口水诉苦："差一点就偷到了。"树顶，一只黑猫和一只肥硕的老鼠，正悠闲自得地喝咖啡。这本书，有个很特别的名字《老鼠的成长》。作者署名也独具匠心，在封面上用贴画的形式，贴了一本小书，翻开书页，工整流畅的楷体字书写着"李睿欣作品"。这是睿欣装帧设计的属于自己的书。

打开这本书，我被作者的用心感动。

扉页设计了"作者介绍""相关人物"，还有"目录"。最让我骄傲的是，"相关人物"介绍中，有我的名字——张登慧。目录从第五页到第十页的题目分别是《张登慧，我恨你》《张登慧，我讨厌你》《臭扒皮》。很荣幸，"老鼠"的书里，有很重要的一笔，是关于我的，这些都是属于我们的记忆。书的序言更像孩子的心灵独白：

我的六年与一生比起来，就是大海中的一点小虾米。但，我就是我。我就是不一样。我愿意放弃回味以后的时光，把这个六年轻轻捧出来，放入一个方方正正的盒子。很久很久以后，再把它捧出来，像放电影一般，回眸往事的一幕、一分、一个秋天，她，有生命……

这是属于"小老鼠"的独特记忆，也是属于她的独特的文字。

我不由得想起了"小老鼠"，那个机灵、敏捷、毒舌却很感性的女孩。

她小小的个子瘦瘦的，小眼睛滴溜溜的，两颗门牙有点大，后脑勺拖着又细又长的"尾巴"，每次一站我面前，我就想到仓鼠，逗着她玩儿，喊她"老鼠"。没想到，这名字就成了小女孩儿的专属，一直叫到毕业。

（二）

老鼠爱偷吃，咱班的"小老鼠"，也是响当当的吃货一枚。同桌梁涵童是个温柔的小男生，每每带来零食，都被她连哄带骗威逼利诱吃干抹净，小梁同学总结出一条"防鼠"真理：防火防盗防同桌。这不，小梁又带了好吃的"奥利奥"，趁同桌不注意，他偷偷摸摸地，悄无声息地从书包底层抽出来，放进抽屉，紧紧地攥在手里。这一切，哪里逃得过"小老鼠"机灵的眼睛和敏锐的嗅觉。她不动声色地等待，等待，等待着最好的时机……

英语老师刚走，小梁同学的手，还没来得及拿出抽屉，那可怜的奥利奥，就被小老鼠一把抢过。她飞也似的跑开，三下五除二塞进了肚，只剩下小梁气喘吁吁地追赶："给我留点儿……"

偷吃零食也就算了，还有更歹毒的：

三偷丸子记

终于来了顿好菜——番茄丸子汤。对于千年一遇的"上等极品"，人人都想、人人都馋，人人望眼欲穿，"张扒皮"却规定每人只能打三个。

……

我望了望他方格子饭盒里完全没动的肉丸子，做了个重要决定——偷！我正琢磨着该如何是好，梁涵童一个侧身，我伸出"九阴白骨爪"，勺子往丸子上摁了摁，那丸子轻轻下陷、慢慢深入，我小心一挑，半个丸子得手。送进口里，软、糯、香。梁涵童转过头来，看着半颗丸子，以为是自己吃了，我趁其不备又吃下了另一半。真香。

看着剩下的两个丸子正在他的盘子里对着我笑，我又一口吞下一个。

梁涵童终于玩够了，回过头来："天哪——我的肉丸子去哪儿了？"

……

这家伙，"偷"出了水平和技巧。得逞之后，还在每日简评中得意洋洋"显摆"。

这样"偷鸡摸狗"的事情，"老鼠"还做过好几件。趁本尊不在办公室，偷吃俺的"爱心蛋糕"；以去办公室写奖状为借口，邀约同伙"窃取"我的零食。而对于自己的"口粮"她则尽心尽力"守卫"着：

要　债

早早地来到了学校，张老师便走了进来。她看到陈可为手中的面包，一个字，"抢"！陈可为那单薄的小身板，面对眼前这头披金长毛，眼戴狼面具的超级"灭霸"，他眉头紧锁，丝毫不敢挣扎，颤颤巍巍地交出了"口粮"。

哎，天降一个"祸害"。为为，我爱莫能助，你自求多福。还好，此"祸害"未盯上我。我放心地坐在凳子上，安稳地拿出面包。白生生的面包中掺杂着小小的红豆，它们不分彼此，紧紧地融合在一起，成为一道美味的"风景"。我张开嘴，捻起面包往嘴里送，软绵绵的，甜津津的……

好景不长。张扒皮双手交叉，端在胸前，高跟鞋发出"嗒，嗒，嗒"的声音，越来越近，越来越清晰。她走到我跟前："是不是该还我蛋糕了？"什么？蛋糕！我隐隐约约记得：昨日，我与梁涵童去办公室，桌上有个刚刚"开封"的蛋糕，白白的奶油盖在松软的蛋糕上，诱人啊。我抵挡不过诱惑，伸出食指，捻上一层奶油，甜甜的酸酸的。于是我停不下来，三下五除二，蛋糕只剩下一点了，我闻风而逃。

现在，我要赔她一整个，好可怜。

呵呵，"老鼠"也并非一毛不拔，昨天偷吃了我的蛋糕，今天一早就"加倍偿还"。

办公桌上，安安稳稳地放着一个巧克力小蛋糕，包装盒上还系着漂亮的丝带，旁边的便利贴上留着一句话："扒皮，还您老人家蛋糕！"后面附上翼哥表情包：丑丑的哭脸。其实，孩子只有在放下所有的防备之后，才会在每一次嬉笑怒骂中用"反常"的方式跟你打招呼。朋友的最高境界，不是互夸，是互怼。

满怀的好心情。这"老鼠"，有人味儿！跟我亲，我喜欢。

（三）

猖狂的"小老鼠"还会一次又一次挑战我的底线。我有次叫孩子们去劳技室考试，他们莫名其妙。一路上，"小老鼠"不停地嘀咕，骂我没良心。打开门，当看到摆在桌子上的饺子皮和肉馅儿，顿时一阵狂欢。"小老鼠"在作文中吐槽："这只千年老狐狸，又打我们个措手不及"；家庭作业多了，她拿每日简评当传话筒，说我吃错了药；更让我气得吐血的是，她居然在一次单元考试中说我丑——戴眼镜、嘴巴大、雀斑多。我看在那句"长得丑没关系，可以靠才华吃饭"的份上，原谅了她，并在讲评课上全文朗读，她收获了同学羡慕的眼神。以后，她更加猖狂了，开始了一次又一次的"冒险"：

◎午休被"张灭霸"霸占。我的天，开学第一天就这么惨吗？

◎"灭绝师太"把我留下来办黑板报。怎么说也得给工钱吧，就几颗巧克力打发我，干脆叫你"张抠门"好啦。

◎"张抠门"，今天我就来帮你回忆回忆，你欠的一屁股账。童话剧奖品，从三年级欠到了六年级，整整三年啊，你从来没有想起过吗？五年级，猜字谜大赛的奖品呢，你忘了吗……

张老师，你也别生气伤身。你本来就丑，再生气，岂不是更丑？我目前还能接受你的模样，要是再继续丑下去，那就不一定了。

◎或许真像"张扒皮"说的那样，跌入谷底，是为了更高的反弹。

"小老鼠"在文章里，左一个扒皮，右一个灭霸，再来一个"灭绝师太"。我很喜欢她泼辣个性的文风。她的文章屡屡被当成范文朗读，得到大家羡慕的眼光。同时，孩子们似乎明白了，原来写作文还可以这么"放肆"，居然可以随意说老师的坏话，老师居然不会生气。回头想一想，《周报》活动一开启，孩子们就热情高涨，敢如此酣畅淋漓地自我表达，是因为在最初的写作阶段，受"小老鼠"的影响很大。

（四）

俗话说"老鼠过街，人人喊打"。可咱班变成了"男生过街，'老鼠'喊打"。在男生的眼中，唯"张张"与"老鼠"勿惹也。惹怒了张张，那是火山爆发，喷薄的岩浆让你死无葬身之地；惹到了"老鼠"，左一个降龙十八掌，右一记佛山无影脚，打得你哭爹喊娘，连连求饶。这"老鼠"，仗着身怀绝技，常常在男同学中横行霸道，耀武扬威，搞得管不住嘴巴的男生闻风而逃。为为，就成了她的猎物：

怕"胡巴"的为为

……

胡朵儿哈哈大笑："你怕不怕狗？"

"我怕什么狗？"

胡朵儿把球放到胡巴（一条宠物狗）屁股下："胡巴，你再不想尿，也滴一两滴。"

"干啥？"为为先是一愣，立刻冲了过来："胡巴，求您大爷别尿，千万别尿。"为为双膝跪地，双手抱拳："大哥，你莫尿，你莫尿好不？"

胡巴走到一旁，滴了几滴。为为拿起球拍了起来，球四处乱飞，弹在了尿上。为为还在欢呼，拿起球，摸了摸："怎么有水？"他伸出手，放在鼻子底下闻了闻，哎哟……

为为是班里的"开心果"，好动，嘴巴"贱"，老是惹来女生的恶搞。好在他宽容大度不生气。脾气好的为为，成了"小老鼠"她们"欺负"的对象。不过一个愿打一个愿挨，同一个小区的几个孩子，就这样笑着闹着，从一年级走到了六年级。

同样，惹是生非的崔崔也难逃厄运：

硬斗"王八"

此人自大，自恋，欺软怕硬。他便是江湖传闻的空壳王八"崔二傻"。

……

我这脾气自然忍不了，夺过"鞭子"，捏在手中，"和蔼"地问："你知道这是什么吗？"

"不知道，是笔吧。"他笑了笑摇摇头。

"是用来揍你的！"我朝他吼着，使出平生气力，抽在他大腿上，划过他的水桶腰，划过性感的臀部。姑奶奶还太慈悲了，"崔二傻"抱着大腿扶着腰，捧着屁股在地上翻滚嚎叫，看着他那生不如死的样子，爽！

……

"崔二傻"是班里的"五大金刚"之一，肥肥的身子，大大的嗓门儿，喜欢制造绯闻，散布谣言，偶尔还乱点"鸳鸯谱"。高年级的女生，哪受得了这般委屈，找他理论，无奈这家伙很"无赖"，死不认错，还变本加厉，女生忍不住动手。可女生哪里是他的对手？打了就跑，也逃不过"崔二傻"的穷追猛打。这时候，"小老鼠"站出来，打得他连连求饶，几个女生解气极了。

这个有点凶、有点暴力的小女生，对那些男生的野蛮，除了偶尔的小调皮、小恶搞之外，更多出于"路见不平拔刀相助"的侠义。不要以为他们打起架来会难舍难分，很多时候，他们闹着闹着就笑了，笑着笑着又闹开了。闹和笑的背后，都有一个可爱的名字，叫"童年"。

（五）

"小老鼠"真有"猖狂"的资本。写得一笔好字，家庭作业的板书，交给她，妥妥的；画得一手好画，儿画卡曼素描，惟妙惟肖，黑板报评比，用上她，杠杠的；每一次班队活动黑板布置，"班级诺贝尔文学奖"的现场布置，交给她，包你满意。更让我这个语文老师引以为傲的是，她写得一手好文，或长或短，任意挥洒，收放自如。

写作的魅力

......

当我知道要写每日简评时，内心几乎是崩溃的、濒临绝望的。六年级了，为什么还浪费时间在写作上？难道不是拼命复习、刷题吗？

可当我拿起本子提起笔，每次都想着少写一点，达到基本要求就可以；可写着写着，不知不觉已写得很长很长，看着作文自己都感到惊叹。为什么这么神奇？这就是写作的魅力吧。简评本，它好似有一股神奇的磁力使我走不了、合不上。不画上句号不会结束，画上了句号却又不舍。

学生爱上写作，对写作欲罢不能时，最开心的，莫过于他们的语文老师。我给"小老鼠"留言：对呀，写作就是有魅力、有魔力、有治愈力的。坚持下去，请相信写作的力量。

"小老鼠"不仅会写作文，更会评论同学的作文。《周报》上开辟了"慧言星语"，每周从八句慧言中选出三句，22篇作文中，选出五篇佳作，若选出的作品有三篇和老师的一致，有奖励。每期选佳作，她会和蔡妙欣一起商量、对比，反复揣摩，如果评选结果和我的不一样，会在讲评课上"讨说法"，看完《周报》，她会拿起笔来写评论，还颇有专业水准：

......

美娴改变风格，却用错了方式。写抒情作文，重要的是发自内心，要真情实意。写童年的文章，并不需要用如此华丽的词语，也不需要如此有诗意的比喻。童年这个主题，需要的是朴实的语言，衬托童年的快乐、纯真、无忧无虑。

再说这篇文章的题目是《魂牵梦萦，六年情》，重要的是那个"魂""梦""萦"，既然童年的记忆一直缠绕着你，文章的中心应该是童年记忆中最为深刻的一些事。少了那些真实的精彩，再浪漫再唯美的句子，也掩盖不了空洞的存在。

六年级上学期，孩子们的作文普遍偏向幽默，为引导孩子们张扬写作个性，我鼓励他们尝试不同的文风，雨涵渐渐地找到了散文风格的定位，蔡蔡可以在不同风格之间自由切换，美娴最近在尝试唯美散文风格。当然，尝试就代表模仿，可能失败。当初看到这篇文章，我也有"小老鼠"一样的感受，入选《周报》也是为讲评课埋下一点伏笔。这小家伙，对文章有如此独到的见解，我很欣喜。

更没想到的是，美娴看到"小老鼠"的评价之后挺不服气，再写文章反驳"小老鼠"。十班"文坛"出现了"百家争鸣"的盛景，我很自豪，把两人的文章拍下来，发了朋友圈，不想"小老鼠"钻进圈里看到之后，再一次写文表达了观点。

回美娴

……

对于你的观点，我不是百分百的反对，也不是百分百的赞成。我承认，慧慧那篇文章有很多值得我学习的地方：优美浪漫的语言，漂亮的排比都是闪光点。

可有些观点，我依然不赞同。

你说慧慧第一次写抒情，应该得到大家的鼓励，这并不是理由。上《周报》的作文本来就是让人欣赏，供人参考，让人评价的。在上报之前，就应该做好被夸奖、被评论、被批评的心理准备。

拿为为和慧慧的作文来对比吧。慧慧的文章是美，可装饰过头了。为为的文章是简单，但我可以看到内容的真实。如果对比，我个人认为为为比慧慧写得更好。其实一看，为为的那篇文章和慧慧那篇字数是差不多的。按平时来讲，慧慧的文笔甩为为几条街，败笔之处就在于过于注重文字的优美。为为如果把当时的心情，组员组长的脸色和张老师的语气、神情写具体，离佳作就不远了。

我把慧慧和蔡妙欣、袁雨涵的文章也作了对比。蔡蔡主要以人物和回忆为主，袁雨涵主要以对话为主。两人风格不同，异曲同工之处就是抓住了"朴素"这个词。

美美你也说了，"好文章是练出来的"。因为还不够完美才需要练。我那评价也是最诚恳的评价。

看到这篇文章，我很兴奋。孩子们愿意花时间和精力在作文上较真儿，多好的事情啊！再看看这篇反驳文章，有理有据却不咄咄逼人。在肯定对方观点的基础上，将自己的观点一一呈现。最欣赏的是"上《周报》的作文本来就是让人欣赏、供人评价的，上《周报》之前，就要作好被夸奖、被评论、被批评的准备"，我被这孩子震撼到了，小小年纪便如此有胆识，有气度，对写作有着如此透彻的理解，她是我的老师啊。一篇文章背后，"小老鼠"花的心思可不少，翻看之前的《周报》，将为为和美娴的文章逐一对比，细看雨涵和妙欣的文章，分析她们的写作风格，她是用心在读报、在思考。我把两人的争议性文章放在《周报》上，一下引发同学们的思考和关注，将《周报》的价值进一步开发。他们互相欣赏，也彼此提议；他们相互学习，也彼此切磋。班级的作文氛围，越来越有意思。

而超级有思想的"小老鼠"，当然在十班"文坛"如鱼得水。写人、记事、作点小诗，总有意想不到的惊人之语。还记得"小老鼠"在文字中对我的揶揄："长得丑没关系，可以靠才华吃饭。"是啊，每个女孩儿，都可以靠才华吃饭。靠才华吃饭，吃得久，吃得香，吃得心安……

猝不及防的幸福

（一）

珂玥是个学霸。二年级接班开始，她的语文数学都顶呱呱。数学老师常常夸她习惯好。语文课堂，她从没有走过神，总能看见她高举的小手，她做作业的速度很快，成了我的得力小助手。学习对她来说，好像是轻松加愉快的事。

三年级写作文了，珂玥的优势一下子不见了。借鉴管建刚老师《我的作文教学训练系统》的操作方法，我从心理描写——猜谜语入手，训练孩子们写作。三节课下来，孩子们有明显的进步，分享在班级群，家长们纷纷点赞。李浩然、袁雨涵、蔡妙欣等人，一次次在这样的展示中找到写作的快感，越写越精彩。而珂玥呢，每次看她的文章，都不免有些失望：这小女孩儿，明明素养不错，怎么写文章就不是那么回事呢？玥玥妈妈看着群里的优秀作文很着急：明明孩子的学习挺拔尖儿的呀，怎么一到三年级就不尽如人意。玥玥妈妈告诉我，玥玥很喜欢看书，看了很多书，为什么就白看了一样呢？她说，张老师，能不能给我的孩子补一补作文……

我有苦难言。这作文，哪是一下下能补起来的……

（二）

还好，我决定跟着管建刚老师办《班级作文周报》。

《周报》排版比较麻烦，暑假决定试着办两期。珂玥很积极，连续三期坚持投稿，连上三期《周报》。许是发表带来了信心，开学之后，她对上报充满期待，第一周没有上报、第二周没上报，并不影响她对上报的渴望：

9月17日　星期一　阴

……

激动人心的时刻到了。张老师宣布初选录用名单。

此时，我和李康炜成了同道中人，双手合十，祈祷着神仙显灵。"陈可为、陈珂……"还没等念出"玥"字，我一个箭步冲上去夺走作文本，生怕别人抢先一步。我小心翼翼扫视四周，有的沉迷于幸福，有的陷入了悲痛。我壮着胆子翻开了本子——蓝章！欧耶，成功！

后面难度更大。张老师，我一定好好改，也求张老师让我的名字和作文同时上报。

珂玥修改极为认真，她知道，作为学霸，竞争对手是那几个作文特别牛的"别人家的孩子"，一定要在态度上取胜。她要从前两次的失败中寻求突破的办法。稿件本上密密麻麻的修改，是小女孩内心燃烧的渴望，我郑重地在稿件本上敲下"终选录用"章。珂玥把如愿以偿的幸福收藏在简评里：

9月18日　星期二　小雨

通过重重关卡，稿件本上终于印下了红红的"终选录用"章，这是我苦苦盼望十四天得来的，外赠一张"稿件录用通知单"，上次看到同学们在我面前炫耀，便暗下决心，一定要好好写，好好改。终于上报了。这期的《周报》上一定有我的名字，期待啊。

此时，我沉醉在幸福中，不知归路……

三、四年级一直不怎么喜欢写作的珂玥，终于"沉醉在幸福中，不知归路"了。管老师说，教作文要用好两块"表"——"发表"和"表扬"。孩子的作文在《周报》上发表，既是发表也是表扬，怪不得他们对上报如此渴望。

尝到了甜头的珂玥保持着良好的势头，又一次成功上报。看着她稍显黝黑的小脸笑容绽放，我琢磨着，要给这孩子制造一点小麻烦才行。写作是一项艰辛的创作，表扬和鼓励能唤起一时的劲头，可写作还需要"韧劲儿"，对优等生，理性地压一压他们的势头，对培养孩子的写作意志没有坏处，也能缓解《周报》版面紧张的压力。第九期和第十期，《周报》上找不到珂玥的名字。她每一次都"死"在了"终选录用"那关，珂玥很郁闷，写简评发泄不满：

白费功夫

......

瞟一眼作文本，咦，没有红章！肯定是动作太快，没看清楚。坐下来，吸气、呼气、吸气、呼气，一页一页地翻，没有；一个字一个字地搜，还是没有。

耳聋了、嘴哑了、心凉了。一阵凉风吹来，透过我的外衣，刺进身体，留在心脏；一抹黑云悄无声息地遮住了眼睛……

......

我的内心涌起一阵歉意，孩子们多不容易啊，五花八门的补习班占用了周末的休息时间。据我所知，为了赶早上七点半的舞蹈课，珂玥每周六的起床时间是六点，除此之外，还有阅读和奥数的补习班。周末，学校作业一般不会少，为了上报，挤出时间写稿件，没有功劳也有苦劳啊，更何况，珂玥的作文，真心不错。为安慰她受伤的心灵，我留言：

告诉你终选没有录用的原因：改文没有原文好，添上了一些"废话"或者"废字"。加油，争取拿到"优先刊用卡"，那是你的护身符。

此后，珂玥为了那宝贵的"优先卡"，开启了疯狂写作模式。每天的简评不是长长的两页就是满满的三页。她说，自己为了得到"作文小能手"的称号一直努力，优先刊用卡能够在关键时刻助自己一臂之力。可是现实就是这么残酷，还是有人跑到了她的前面：

看徐徐迈着六亲不认的步伐走上讲台耀武扬威，手中的"优先刊用卡"变成了恐怖的催泪弹，威力十足。张老师在这时候问我："陈珂玥，你写完了没有？"我带着最后的希望，把本子交给了她，结果是令人沮丧的——仅仅差一页。

我留言鼓励她："加油，新的一个月才刚刚开始。"

小家伙回复："所以，我要加油加油加油！"

（三）

珂玥是男孩子性格，不喜欢撒娇，也不太爱到我面前"套近乎"。很多孩子都左一个"灭霸"右一个"扒皮"称呼我时，很多女孩子笑眯眯叫我"张张"时，她依然叫我"张老师"。我用仅有的儿童心理学知识分析：一个孩子，只有在认为足够安全的时候，才会在老师面前肆无忌惮地袒露本真。这孩子，对我尊重有余，亲密不足。随着《周报》活动的深入，她对我的称呼，不知何时发生了变化：

◎张张，今天你把我吓了个半死！

◎你说说你，把袁雨涵卷子忘在办公室不说，还非要抢走我的！一点儿情面不讲！你要干什么？

◎正疑惑之际，张张抓住了我这个表情，大声说："这个本体和喻体我之前明明讲过，你看陈珂玥，一脸懵的样子！"

◎"张灭霸"定了一个新规矩：找一个伙伴，两人听写全对，便可以成为一天同桌。

◎"张灭霸"恶狠狠地盯着我，糟糕，又错了。"灭霸灭霸"，一天不灭人就不行。

《周报》活动激发了孩子的写作热情，他们的写作水平节节攀升。同时，真话作文打开了师生交流的大门。这一年，我跟孩子们的关系，比任何时候都亲密。他们对我敞开心扉，同学之间的矛盾、家庭内部的纷争、学习考试的压力等都会在每日简评中一吐为快，甚至向我寻求帮助。我也越来越了解孩子们的需求，总是尽量站在孩子的立场思考他们的需要。为了保护他们的真话意识，我绝不站在道德的制高点绑架孩子的思想。或许是真正感受到了师生的平等，他们越来越信任我。珂玥的文章，从最初毕恭毕敬地称呼"张老师"，到后面随大流，叫我"灭霸""张张""慧儿"，其实更亲切。孩子对老师的尊重与爱戴，与称呼的关系不大，我更在意的，是自己能否给孩子一份切切实实的安全感。很欣慰，珂玥渐渐敞开了心扉。

心门一打开，学生跟老师的交往也会发生切实的改变。

孩子们经常带榨菜、香肠、辣酱到学校，我当然会毫不客气前去"抢食"。因此我成了班里的"超级无敌大吃货"。珂玥跟我混熟之后，也学其他孩子一样"挑逗"我：

榨　菜

带的榨菜被"张灭霸"一扫而光，我才发觉，原来大人也可以这样不顾形象，和小孩子们抢东西吃。

……

张张问："有谁带榨菜了没？"

崔大胖叫着："陈珂玥有。"

张张闻讯赶来，同学们也蜂拥而至，我急忙抓起榨菜逃掉了。谁知，张张竟然把我饭碗里的榨菜抢走了。那可是我的"冬粮"啊……

午餐时间，我经常像个馋嘴的小孩一样流连在教室，看看这边有没有榨菜，那边有没有辣酱，趁机"打劫"。跟孩子闹一闹，挺有意思的，那一刻，自己似乎也回到了童年。我们小时候，不就是你吃我一勺萝卜干，我尝你一点儿老腊肉吗？跟孩子们在一起，抢的是吃的，留下的是情谊。

这家伙，挑逗我上瘾了，连续带了几天榨菜之后，居然断了我的"口粮"，还一副躲躲藏藏故作神秘的样子引我上钩。我这三十多岁的成年人，硬是被十几岁的小屁孩耍了：

"灭霸"找榨菜

果真被我料到，这"灭霸"还真是连榨菜都要灭。

午餐，她神经兮兮地朝我伸出一只手，我疑惑了。她说："快点儿啰，榨菜，又藏起来了，是不？"她看了看桌子，又叫上得力干将崔泓宇，进行了一次彻彻底底的搜查。

"张灭霸"仔细地盘查了我的饭盒，又把饭盒袋子翻出来，还是没有。崔泓宇可能属狗，特意用狗鼻子在我课桌里到处嗅，还是没找到。她使出了绝招——翻书包。我那可怜的书包，被翻得"神魂颠倒，上吐下泻"，"张灭霸"还是没找到日思夜想的榨菜。

……

一个老师，保持着百分之八十的一本正经，保留百分之二十的吊儿郎当；上课严肃，下课调皮，跟孩子"混"在一起，跟他们下两局五子棋、玩一会儿狼人杀，甚至抢一撮小零食，天长日久，孩子不仅仅当你是老师。一次一次的笑闹中，珂玥跟我的关系日渐亲密，我们成了亲密的"损友"。我跟孩子们在一起的故事，也成了写作素材，他们用笔、用心、用文字，一次又一次收藏那些幸福的过往。

（四）

那次我"冒犯"了珂玥。

升旗仪式上，个子高高的珂玥总在队伍最后面。冗长的仪式令人乏味，她跟几个孩子悄悄地说起话来，这哪逃得过我的火眼金睛。擒贼先擒王，作为学霸，她先挨批评。这让小姑娘掉面子了。"君子报仇，一秒钟都不能晚。"当天，她就在每日简评中发布了报仇计划：

可恶的"张灭霸"

"灭霸"今儿火气有点大，嘴巴从没饶过谁，就连我这样的学霸都逃不了她的虎口。

……

一抬头，妈呀，"张灭霸"过来了！我死翘翘了。

"灭霸"生气程度达火山爆发等级。她一步一步逼近我。不安、恐惧也向我逼来。我想逃跑，可双腿发软，不敢走。

她大吼一声："给我站到后面去！"众目睽睽下，我向后移了一小步，她怒视着我，咬牙切齿，双手叉腰，一副威严而又不可侵犯的样子，我往后迈了一大步，她才肯罢休。

"张扒皮"，你记住了，如果有一天，我当上了语文老师，我要一天出一张报，让你羡慕，让你嫉妒，让你崇拜，让你后悔！那个时候，我一定比管建刚还管建刚。我要让你追着我从万州一直到世界各地，让你后悔今天做的事儿，到时候，让你当我的助理，看我不好好收拾你……

写得真好。老师发怒时的表情特写、语言特写，把一个"灭霸"级老师刻画得入木三分，同时穿插的心理特写又细腻真实；那句"比管建刚还管建刚"更让人忍俊不禁。孩子们都知道，管老师是我的偶像，珂玥把我的偶像拿来作对比，既有新意，又很对我的胃口，怎么看，这都是一篇难得的佳作。我在简评本上，心满意足地敲下了"终选录用"章。

此时，她再也不是那个因为作文失去优势的"伪学霸"了。她的文字，在素材本里，在《时光周报》上，开出了一朵又一朵灿烂的小花。

文章最后，她还画了个得意的表情，附上几个字：哈哈哈，想想都过瘾！我留言："过瘾了哈？"她回我："还不够！"

因为她又进一步，将复仇计划具体化了。

故意针对

"扒皮",你是故意针对我是不?

运动会最后一天,主席台上正在颁奖,无聊透顶,我和几个同学坐在草地上玩游戏。

……

忽然,背后传来一声恐怖的吼声,阴森森的气息扑面而来:"陈珂玥,你几个给我坐好,回去!"

几个同伙急忙站起来拍屁股走人,只留下我孤苦伶仃的一个人,盘着腿,趴在草地上一动不动——坐得太久,脚麻了。

我一个劲儿念叨:"我起不来了,起不来了……"那"扒皮"站在一旁,看笑话似的盯着我。

"扒皮",我想好了,如果你真当了我的助理,你的工作我会这样安排:

上午

5:00 起床

6:00 吃饭

7:30 扫一到四楼的厕所

8:00 接我上班

9:00 打扫操场

12:00 吃饭

以下的时间为晴天下午的安排:

1:00~5:00 晒太阳

6:00 下班

没有太阳的安排:

1:00~5:00 扫厕所,守厕所

6:00　　　　　下班

好好珍惜现在的时光吧。

我留言："算你狠！"

其实，老师和学生，也可以这样在"打情骂俏"中增加情感的。一个孩子，在老师面前如此"放肆"，需要多大的勇气！只有完全将真心掏给对方，才能做到如此彻底的"肆无忌惮"。我很珍惜这份难得的信任。

（五）

珂玥的计划，居然有了实现的一天。

在一次抽奖活动中，小家伙抽到了新进项目——张张帮忙洗碗。

深仇大恨，择日再报

是时候一雪前耻了，要怪就怪才运卡太给力，助我抽到一张——张张洗碗。

吃过饭，我意味深长地看了张张一眼儿，邪恶地笑了，伸出了魔爪，毫不留情地打了一大勺油。这一勺，堆满了我们之间的仇与恨。当众数落我的眼神，犀利啊；一次两次出丑，都拜你所赐啊。今天，哼！

拿着勺子，在碗里头使劲搅，盖上盖子，一阵摇晃，打开碗，恶心的东西映入眼帘，为了好好惩罚张张平日的凶恶，我豁出去了。

……

静静等待，她终于回来了，还不忘炫耀一下自己是多么能干。我仔细检查。"不干净，还没我洗得干净！"我坚持嘴硬。这一说，张张气坏了，起身就是一脚，我乐得合不拢嘴。

冲你这一脚，我一定要再抽一次"张张帮忙洗碗"。

深仇大恨，择日再报……

这家伙，不知道是交了什么好运，一连几周抽到"张张帮忙洗碗"，每次看她在讲台上哈哈大笑还连蹦带跳的样子，我都装出一副吃了黄连的苦相。

时间就在洗碗时哗哗的水声里流走了。临近毕业，我们复习了一遍又一遍，刷了一套又一套题，模拟考了一次又一次。一次，考试题目是《二十年后的我》，这是五年级的教材作文，当时孩子们写得挺有意思的。二十年后，有的当上了老师，有的做了医生，有的成了模特，有人成了足球明星，而珂玥呢的作文呢，光是题目，就激发了我极大的阅读兴趣：

二十年后的我，还是"学生"

时光在飞逝，一转眼，我已经三十岁了，此时的我已经开启了工作之路。很幸运，我和我的小学老师张老师在同一所学校，此时的我正以老师的身份在张老师的班上听课。

此时的张老师，还是那个我熟悉的充满童真的张张。一头黑色长发，一件白色衬衫，很简单，很干练。清爽的衣着，显眼的眉毛，倒显得她年轻了几分。

走进张张的课堂，忽然觉得我不是听课老师，而是她的学生。

……

办公室里，张张正在整理《周报》。这《周报》，也一点儿没变，还是那个老题目，还是有"慧言星语"，还是有幽默的文风。泪，不顾形象地流了，张张亲切地替我擦去，这手，还是那么温暖……

二十年后的我成了老师，正和张张在一所学校。不过，我的职业，还是张张——您的学生。

这个一直嚷着要"报仇"的女孩儿，这个一直跟我"过不去"的女孩儿，突然有一天，那么温暖、生动、煽情地向你表白。批阅文章时，我实在没忍住夺眶的眼泪。

这幸福，猝不及防！

与"睿儿"斗智斗勇

（一）

"你看着他的好，他就好上了。"这句朴实的话语真是太有道理了。很多时候，我们想着后进生，想着改变后进生，念着后进生的后进，而忽视了用另一只眼睛去寻找后进生的优点。后进生的改进，或许需要那么一些"关键事件"和"关键人物"。

想起了我的学生睿。

睿是四年级从深圳一所私立学校转学来的。他基础很弱，"词语盘点"要求听写的词语，三分之二不会认。看着他，我有些头大：字词基础不过关，要提升语文成绩太困难。于是乎，我坚决贯彻每日不欠账原则，找小老师监督他认读生字词，听写亲自把关。好在他勤奋、听话，学习慢慢有了点滴进步。

办《周报》，我谨记管大的提醒，后进生要各个击破。我想到了睿。他基础不好，但是很勤奋，我决定用他的勤奋来作为引领。第一期，他的稿件质量不是很好，但很认真，我果断录用。睿回家第一时间就是给远在深圳的妈妈打电话，请求她帮忙录入电子文档。睿妈说，现在他积极多了，不懂的也愿意打电话问了。隔着屏幕，我可以想象睿妈灿烂的微笑。那次之后，睿的每日简评，也越写越长了，从长长的篇幅里，我看到了他上进的态度。翻看睿的作文，离优秀还有一段的距离，但至少看到了进步：

蟑螂大作战

……

不知从哪里飞来一只大大的蟑螂。我立刻叫了起来："姐姐、姐姐……"她看到了也尖叫起来。那只蟑螂真的太可怕了，它飞到了小姨的画框后面。那恰好是我们的反击机会呀！我把鞋子脱下来，朝那幅画扔过去，蟑螂没打着，那幅画却被我给打歪了。

这只蟑螂飞到了门上。我们尖叫着跑到外公和外婆的房间里，外公一下子拿起挠痒耙打我们，说："干什么？"我们吓得跑回了房间。小姨他们回来了，我们说有一只蟑螂，叔叔一脚上去，一次就把蟑螂打（踩）死了。

稿件录用，我在班上大肆表扬睿的勤奋，睿的眼睛里闪着异样的光芒。我说："希望下一次，还能在《周报》上看到你的名字。"后来，睿的简评更加认真了。我看到了他的努力，又一次为睿上报开了绿灯。稿件写得不错，可是，离上报还有一定的距离，我找到他，借着自习课的时间，指导他修改稿件，睿又一次上报了：

逗逼外号

我正在看《时光周报》，姐姐跑到我床上来，一把夺过《周报》，第一眼看到的就是陈可为写的《我有一个坑逼老师，叫张张》。"张张是十班创造者，21世纪最贱最坑的骨干老师，外号是'张坑逼'和'张大仙'……"姐姐读到这里，大笑起来。

"你们的老师叫什么？"我问姐姐。

姐姐说："我们班杨老师的外号叫'托塔杨天王'。在上课的时候，有很多很多的'小动作'……

十班的数学老师，我们都叫做'×老师'，因为这个老师特别喜欢说'艾可死'，这句'×'叫得十分好笑。"

……

看得出来，姐姐十分怀念她的小学生活。因为，从她的脸上，我看出

29

了一丝丝的忧愁、幸福和遗憾。

或许是因为孩子意识到写作文就是说实话吧，基础不好的睿，写起作文来也没有想象中的难以动笔。几经指导、两次发表，孩子尝到了甜头，越写越有兴致。课堂上的表现也好多了，甚至敢举手了。我想在此基础上，给睿的写作热情再添上"冬天里的一把火"，找机会发给了他一张优先刊用卡。这下，他第三次上报妥妥的了。果然没有让我失望，一篇写狗的稿件还真是可圈可点：

牛牛生病了

每当我回家打开门，牛牛就过来缠着你，缠你身上的吃的，吃完后，它就溜之大吉。

可是今天不一样。我敲了敲门，牛牛没有在门口大吼大叫，我没在意，写作业去了。

过了一会儿，还没有看见牛牛的身影，我担心起来，立刻大喊："牛牛、牛牛……"它没有回应，我立刻推开桌子去寻找牛牛。终于在我们房间找到了它。

牛牛躺在床上，一动不动的，眼睛也没有睁开。"狗狗死的时候，会在角落里慢慢的死掉。……它不会已经死了吧？"我自言自语。

……

我立刻找到了药，又紧张，又害怕，给牛牛吃药的时候，我的手哆哆嗦嗦的，它左摇右摆就是不想吃药。我只好小心翼翼掰开它的嘴，它一直使劲挣扎，我好不容易找到了机会把药放到它的嘴巴里面。它咳嗽了几声，喝了几口水，然后就趴在了地上。

……

几次上报之后，睿的自信心足了，学习劲头也足了，连最难过关的听写也明显进步，他再也不是听写困难户了。看上睿的好，睿真的好上了。

终于，在我的一再照顾之下，睿很快被评上"作文新苗"，这对于睿来说，无异于"地震级"表扬。表扬带来的巨大冲击波，给了他巨大的动力。从此，他天天琢磨着写简评，越写越长，质量越来越高，传稿件也争先恐后。

临近期末，他被评上了"作文小能手"。发通知书那天，我单独找到他："寒假不能松懈啊，你看，都是作文小能手了，再加一把力，我希望你成为第一批班级小作家。"他狠狠地点了点头。

我希望，睿能在"脱贫致富"的路上走得稳健、走得快乐、走得充满希望。

（二）

寒假，是孩子偷懒的时机，也是孩子发力的时机。睿，属于哪种呢？我充满了期待。

然而，一切都是"我希望"。

第一周的稿件录用名单里，没有看到睿的名字，我猜他可能需要小小的调整一下吧；第二周，依然没有，过年，孩子想着玩，妈妈从遥远的深圳回来，享受难得的家人相聚时光，可以理解，再等等吧；第三周、第四周，依然没有睿的名字。我有些失望了。

开学，第一时间收齐简评本，很快找到睿的，潦潦草草的几页，我很失望。看这个书写，我想起了睿打游戏的爱好。莫非……我问他，没说出个所以然来。过去的事情再去计较也没多大的意思。寒假作业，除了鼓励，没有办法——斗硬。对于后进生来说，本来写作业就慢，新课的作业处理起来比别人困难，哪有时间补作业。我希望，我的原谅能换来睿的觉醒。我相信他是一个懂事的孩子。

第一周，睿的简评还过得去。第二周、第三周，越来越不像话。发简评本，我抬头看见了睿，忽然想起，今天没有改到睿的简评本。我问他，今天是不是没有交简评本？他回答："我昨天没有发到简评本。""没有发到就可以不写吗？"我反问。他低着头不说话。每日简评本，是大多数孩子的心头宝，没发到也不去问，只有两个可能，要么没有交；要么对简评本不上心。

睿上学期的那种状态不见了，他的简评严重缩水。没有对简评产生良好的情感，那是因为投入的心思不多。我想，睿的写作，进入了疲软期。我没有责怪他，鼓励他调整状态。我一直相信，春风化雨般的鼓励，才能唤起后进生的自信与自觉；后进生不缺批评，如果批评有效，后进生恐怕就不会"后进"了。

后进生需要"反复抓、抓反复"，我主动出击，请他到办公室，让他周末好好写稿："看，你已经好久没有上报了。上学期都评上了小能手，为为都要超过你了，加油啊！周末好好写稿。"孩子满口答应。交上来的稿件还可以，篇幅也够，我敲了初选录用，后来的修改也很认真，看到他本子上的"终选录用"，我很欣慰，看来小家伙还算听话，心里那点儿写作的火星儿，还没有完全熄灭。再让他加加油，还能够在毕业之前评上"班级小作家"呢。

可是，睿儿又给了我一个"惊喜"。

一早进教室，孩子们正在收简评本。组长告诉我：老师，姚睿不知道去哪儿了，简评本没有交，每周一稿也没有找到。（目前，我们的简评本和稿件都写在一个本子上，找不到简评本，肯定也找不到稿件本）我问她，早上看到睿进教室没有，组长说看到了，早上进了教室，收作业的时候，人和本子都失踪了。以我教书多年的经验和直觉，大致猜到了结局。我不动声色，让组长等待，睿会交本子的。

果然，睿的本子交上来了。打开看，简评潦潦草草的一行半；稿件，马马虎虎的五六行。我的猜测是对的。

放学后找到睿，问他的简评是不是早上赶的。他说是。

我问："在厕所赶每日简评的滋味如何？"

他不答话。

我有些生气："差劲一点我不怪你，可态度不好，我是不会原谅的。留下来，在办公室补写每日简评和每周一稿。"

丢下这个命令，我去开会了。

回来，睿已经写好每周一稿。字迹工整多了，字数完全够了，还挺好的。看来，对睿，也不能一味地等待和宽容，有时需要给点"颜色"。"你看，老师没有指导，你凭自己的能力，完全可以写出很不错的文章来，可是你为什么不写呢？昨天回家干吗了？"

他不说话。据我了解，这家伙对手机兴趣极大，爸爸妈妈不在家，外公外婆也不能完全管住他，多半是打着看数学微课的幌子，玩手机去了。我有些担忧，手机，是一把双刃剑，如何指导孩子科学使用手机，需要家长有足够的智慧和耐心。

看着他走出办公室大门的背影，我在思考，这《周报》活动，不要人为制造"暴发户"；一夜暴富带来的刺激，就像雪球，可能会越滚越大，可是遇到坑，滚不动，就会很快融化；关注"后进生"，在各个击破的同时，还不要忘了"反复抓、抓反复"；不要给"作文后进生"过长的"自由生长期"，后进生之所以后进，就是因为没有足够的控制力。不时地"鼓励鼓励"还要适时地"敲打敲打"，才能让他们克服惰性，稳步前行。

后来才意识到，自己又错了。

（三）

入手了管建刚名师工作室丛书《作文后进生，我们有办法》，序言的几句话给了我反思与启迪：无底线地在《周报》上发后进生的作文、无底线地在作后指导课上表扬后进生，哪怕是一句话、一个字、一个标点，实在无法表扬，就帮助后进生改动一两个地方，算作后进生的精彩。孩子作文的问题，在一定程度上折射出老师作文教学的问题。

　　对于睿的关注，我只注意到了"唤醒"，还没有做到"持续激励"。作文课上的表扬，要照顾后进生，要把欣赏的阳光撒播在后进生的心田。要让睿知道，上报，只是第一步，后面还有更大的惊喜等着自己。这样，睿才有持续的动力去继续奋斗。

　　意识到这一点，我调整了心态，也改变了策略。

　　我带着放大镜寻找他的优点，在讲评课上一次次把带着鼓励和赞扬的表扬送给他。每天放学时，提醒他按时完成简评，我时时鼓励他，处处鞭策他，不给他留下偷懒的机会。

　　周末的稿件，拿回家完成恐怕会旧病复发，我挤出时间，让他到我办公室，在我眼皮子底下写稿件。好多次，我们在落日余晖中一起走出校门。

　　遇到瓶颈，写作出现困难，我就找来睿，单独开小灶。我们一起讨论，弄明白他想要表达的主题，一句一句把想说的话转换成文字。

　　在我的关注下，《周报》上终于又看到了睿儿的名字。

　　与"后进生"斗，其乐无穷。睿，你的中学，又有谁会和你斗智斗勇呢？

第二章　黑马背后

播下写作的种子

（一）

胖乎乎的身子、胖乎乎的脸，配上白白嫩嫩可以掐出水来的肌肤，真的是逗人喜爱的孩子。他是张涛。

三年级，周末都布置回家作文，有几个孩子写得不错，其中便有张涛。周末作文不规定内容，孩子们有很大的发挥空间，多数写生活中的事——和家人下了一盘棋，跟伙伴打了一场球……张涛写了一篇《我爱家乡的柚子树》，文章很美，有点不像三年级孩子的作文。我狠狠地夸了他，还开玩笑："没给咱姓张的丢脸。"

一段时间过后，回家作文的弊端显现出来，班级作文出现了两极分化状况。父母文化水平较高的，容易过度指导；而文化水平有限，家长无法指导的，孩子的作文无法按要求完成。我改变了策略，午自习统一进行作文训练。猜谜语写作文、搞实验写作文、做游戏写作文，一次一次训练之后，孩子们进步明显。张涛，却在这时候"销声匿迹"了。我找不到原因又似乎明白了——孩子之前作文的繁华，可能有一些假象。

（二）

进入六年级，我跟着管建刚老师办《班级作文周报》。从此，走上了一条"办《周报》、上讲评"的"不归路"。

这小子一下子跳入我的眼球，也是因为《周报》。连续三周，他的作文都上报了。

读《周报》，发现小胖墩的文章写得真不错。第 24 期《周报》上，《"手老"无敌》中的"手"指的手机、"老"指的是老师，这两种组合，给人眼前一亮的新意。

"手老"无敌

……

冉老师拿着手机，发誓一般地说："同学们，我今天来出两道题，只要你们答对一道题，就不用抄写单词。""耶！"同学们脸上都绽放出了笑容。

……

正准备把答案交给老师，突然用余光瞥见了九下面的数字"2"！什，什么？竟然有双数出现了！有双数，那就等于白做了。擦完，重来。

……

没有成功，反倒把自己弄得头昏目眩。

突然，灵光一闪，脑袋开窍了，这题是不可能解出来的——奇数，怎么可能斗出一个偶数？

唉！拼不过冉老师，也就只好恭敬地请他来细细解说了。"三十六口缸，九只船来装，一只船只装一个！"冉老师的声音都快把教室震得四分五裂了。"What？"所有同学惊叫起来，眼珠子差点当子弹射出去了。"三十六，是这个三十六。"冉老师哈哈大笑，拿起一根粉笔在黑板上写下了几个大字"3＋6，""三加六等于九，九只船来装，肯定是一船只装一个！"看到这个解答，同学们下巴都快掉到地板上去了。

……

从那以后，我知道了——老师加手机等于"无敌"。

销声匿迹的张涛，又重出江湖了！

我很欣慰，一纸薄薄的《周报》，唤醒了孩子的真话意识，他学会了随时留意生活、积累素材。一次培训班的脑筋急转弯活动，思维过程写得详细具体、生动严密。全文干净流畅又让人耳目一新，惊喜满满。他的作文成功入了我的"法眼"，评上佳作。

26期的《初见雪花》里，有如此优美的语段：

同学们的头上，都开出了星星点点的白花，开得那样生机勃勃，那样纯白。

……

楼底下真是人山人海——低年级小朋友手拉手，开开心心地穿行在人海中；中年级的同学三人一伙，五人一群玩着游戏；高年级的也丢掉了架子，脸上充满了小孩的稚气，跟着一二年级的小朋友一起开心地叫，竭力地喊。

这场雪，没有停止，它在同学们心里，慢慢地飘洒着，回荡着……

2019年的第一场雪，飘到校园，也落进了孩子们心里。下雪，在我们这里多年难遇，孩子们自然兴奋，一下课直奔操场，旋转、跳跃、狂欢……小伙子敏感细腻的内心捕捉到这个画面，写下了跟雪花一样美丽的文字。坚持写作以后，孩子们不仅仅追求写真话、写实话，他们还尝试着在此基础上，写出有个性的文字来，很多人剑走偏锋。这是张涛第一次尝试散文风格的写作，很成功。他又一次登上了佳作榜，"菜菜"和"李老鼠"不死心，几经对比，心服口服做出如下评价：

初看平淡无奇，细看越看越有味道，特别是最后那句话，把对雪的依依不舍表现得淋漓尽致，那个省略号也运用得恰到好处……

第27期，真的挺想把他的稿件刷下来，把机会留给其他人。翻开稿件本，字里行间是满满的红色，文末是规规矩矩的修改。他在要修改的原句下面画上横线、标了序号，在文末根据序号逐一修改。审阅时，哪里改了，怎么改的，一目了然。红色的修改占了满满一页，如此倾情投入，我实在没有理由打击一个孩子的热情。就这样，他又一次成功上报了。我想让孩子看到，每一个努力写作、认真修改的人，都不会被辜负。因为，"作文态度"迟早会转化成"作文能力"。

《周报》下发之后，孩子们读报纸、选佳作；我，也认真读报，找到孩子们作文中的优点和不足，制作PPT，上讲评课。讲评课一般分为三个环节，欣赏、挑刺、训练。欣赏和挑刺主要是表扬和提出建议，要切实提高孩子的写作技能，针对性的训练必不可少。于是针对建议设计了当堂训练，张涛巧妙地捕捉了讲评课上的一个场景：

讲评课上的趣事

讲评课，张张把"光说不练假把式"这个环节引了出来，她让我们以"为什么迟到"为主题，听对话，加提示语。

我火力全开，笔走龙蛇，一气呵成。

万事俱备——

张张站在讲台上，思量着要让谁来"刷存在感"。略加思索，喊了一声："张涛！"

孙乐在一旁幸灾乐祸，想看我是如何在大众面前出丑的。可她千算万算都没算到——我故事里的主人公，会是她。来吧，互相伤害吧！

我飞快地站起来，端起本子，深吸一口气，用洪亮的声音大声念道："张张怒睁丹凤眼，指着孙乐大骂，今天为什么迟到了？"刚刚念完，吃惊、不解、醒悟、愤怒，在孙乐脸上急速变幻。

"孙乐痴痴地望着老师，小声地回答，我今天去看病了。"明显感到，一双怒火中烧的眼睛正死死地盯着我。

"张张马上换了一副嘴脸，关心地问道，生病了，来来来，摸一下，发烧不？不舒服的时候一定要跟我说，快回座位。"就在这时，我嗅到了一股浓浓的火药味，仿佛一点即燃，一点即炸。"孙乐眼泪都快出来了，感激地说道，谢谢老师。"念完我便喜滋滋地坐下了。

我的精彩"演讲"，让全班哄堂大笑，让孙乐尴尬无比。转头看向孙乐，真是一副恨不得把我生吞活剥的表情。

讲评课，真是趣味十足。

这个看起来老实憨厚的小伙子，拿起笔来可是毫不含糊。用三个节奏一致的成语，完成练习时文思泉涌、一气呵成的状态便跃然纸上；展示过程中，自己心理活动的刻画和同桌表情的捕捉，形成鲜明对比，把自己的得意，同桌的意外、惊讶、尴尬和愤怒，写得惟妙惟肖。这样的作文，读起来，过瘾！

（三）

每一个孩子的生活，有我们看得见的阳光灿烂，也有我们看不见的细雨绵绵。小孩的世界，有不为人知的烦恼，也有难以言说的秘密。张涛，把简评当成倾诉的对象，把我当成信任的朋友。三月本是一个如花的季节，张涛却在残留的春日里，忧郁着即将到来的离别：

三月八日是爸爸休假结束，回队伍的那一天。

原本热热闹闹的房子，变得冷冷清清，原本美味无比的饭菜变得清淡无味；原本堆满食物的冰箱，变得空空如也；原本振奋人心的放风，也无法掩盖这一失落。看着日历，离三月八日只有三天。心，就像少了个东西似的，难受……

张涛的老爸是一名军人，一年只有一次休假时间，少则一个月，多则五十天。难得相聚，让这孩子对离别多了一丝惆怅。每一个孩子，都渴望完整的陪伴，在成长的路上，不管是爸爸还是妈妈，对他们来说，都是至关重要的存在。我很想安慰他，在简评本上留言：乖乖，拥抱一下。老爸走了，你要照顾好妈妈哦。我想在安慰孩子的同时，在他的心里播下一颗

"担当"的种子。

六年级，面临着毕业升学，家长比孩子还紧张，还压力山大。不经意，这些压力会转嫁到孩子身上。这时候，家里会出现不和谐的声音，甚至会"硝烟弥漫"。有的孩子，选择沉默或叛逆；聪明的孩子，找到了不一样的出口：

我的泪，谁懂
文：（浅笑静听）

注视着蓝天，一阵酸。泪，在地上，润了一片，无声无息，仅我一人静听。

拿着卷子回到家，妈妈面无表情地瞥了我一眼："考了多少分？"我把卷子给了她，默默进了书房。

晚上，妈妈拿着电话，开启了免提，大步向我走来，里面传出爸爸的怒吼："你是啷个弄的？考得这么差，你上课在干什么？听着，错的都重做一百遍！听到没？……"不知为何，一股酸，涌上了鼻尖，泪，也在眼里酝酿。

含泪回到书房，我把唯一的门锁上了：他们眼中，仿佛只有分数。只有成绩是判断一个人成功要素吗？难道，我在他们的眼中，没有一点价值？我，成了一个随时可以遗弃在角落的物品。成绩，到底有多重要？能让我把错题重做一百遍；能让爸爸对我破口大骂；成绩，到底有多重要？谁可以告诉我，成绩，到底有多重要？

酸，在鼻尖流放；泪，在眼中酝酿；流了，流吧！眼泪一颗一颗落到地上，却无人明白，仅我一人听到泪珠落地的声音。

我的泪，谁懂。

张涛一再请求我，不要在《周报》和课件上打出真名，如果要打，就用笔名"浅笑静听"代替。

这篇文章评上了"佳作"。讲评课上，我大加赞赏。孩子们很好奇，是谁写出了大家的心声，文笔还如此忧郁唯美？我吊胃口，让他们猜猜是男生还是女生，大家一致认为是个女孩。我笑笑，偷偷地冲着张涛微微一笑，那是只有我们才明白的默契。后来，孩子们拿零食诱惑我，用真心话大冒险威胁我说出这篇文章的作者，我一直保持沉默、守口如瓶。今天，谜底揭晓。张涛，你会原谅我的言而无信对吧？如果不，我用这本书向你赔罪。

（四）

张涛的文字越写越好，甚至尝试着挑战写古文。我有些吃惊，对他的留意稍微多了一点点，我想看到一个孩子进步的背后，大家看不到的东西。很快，我找到了答案。他的"每日简评"从来不"简"，天天都是长文，少则四五百字，多则六七百字，认真的态度和坚持不懈的毅力，来源于他永不服输的个性和年少的梦想：

我 心 痛

张张手持一沓《周报》，全班都开心，有两个人更 happy。

本期《周报》是"班级大作家"专刊。班级大作家队伍，又添袁雨涵、陈珂玥两名干将。

我心情十分沉重，同是一条路走来的人，因为努力程度不同，所走的路就不一样。

现如今，"班级小作家"之间的战斗是越来越白热化——想办法终选、想办法写稿件、想办法提前出专栏。已有四五个班级小作家向张张发送稿件，《周报》每周只办一期，后面也有不少人在你追我赶，这样下来，这学期的《周报》，"班级小作家专栏"档期都要被排满了。

"今天，我们班上又有了两位班级大作家，袁雨涵和陈珂玥！来，上来领卡！"她们俩像猴一样，不，像被李铭佳（人称疯子妹儿）附体，一蹦一跳地登上了讲台，从张张手里拿走了十张卡。

一种羡慕、敬仰、不甘的情绪涌上心头，紧紧地交织在一起。心头，一阵刺痛。

但成功并不遥远，我也快成大作家了，享受这快感。

有追求的孩子，能看到自己与别人的差距，找出原因并努力追赶。此后，张涛践行着他的诺言。每天的简评都是长文，看着简评本上一个个录用章，我知道，梦想的力量，引领着他克服了压力和疲惫，努力向前：

"张涛"，我的偶像

翻开课外书，最终把目光锁定在了《大楼瀑布煞风景》，没想到作者竟是"张涛"。迫不及待地翻开，看到了用大字注明的题目后面，写着"张！涛！"我赶紧细读起来。

干净的语言、紧密的结构，与我同样幽默的语句。我看着，发出感叹："天哪，语言干净，有让人深思的地方，比适当的幽默感还优美。我是无论如何也写不出来的。"

耳边，隐约传来了张张的话语："写作这条路是十分艰难的。我不强求你们将来一定要成为作家，但必须学会坚持。"我就有一个愿望——成为屈指可数的大作家之一，用笔除去世间的黑暗。同是一个名，但相差太大了。

他，跟我同名，却是我的偶像。

看到这篇文章，我很欣慰。孩子，未来的路上也许会有些风雨，但有文字相伴，一定会踏实安然许多。张张祝你早日实现"作家梦"。那时候，我一定第一个购书，请你签名。

（五）

随着一纸红红的毕业证书，我把孩子们送出了校门。每日简评，写了厚厚的几本，张涛把它们装订成了自己的书，他没有忘记老师的嘱咐，给自己的书，写下了序言：

"每日"已经随着我们走到了终点。看着那几本堆积起来的本子，心中感慨万千。

最开始的几本，篇篇都是三星短文；到后来，篇篇都是七星长文。那里：有喜，也有忧；有情，也有怨。

即将步入中学，我的"每日"，绝对不会停下。我曾经立下壮言：要一直写到大学……

看到这儿，我很欣慰。未来的日子，也许因为繁重的课业负担，"每日"可能中断。但我知道，在你的心里，已经有一颗叫做"写作"的种子。而我，就是那个幸福的"播种人"。

"心机涵"幸福成长

（一）

童童，眉清目秀，瘦瘦的、弱弱的、小小的，经常跟女生一起玩儿，比较腼腆。他爸爸是高中语文老师，特别注重孩子语文能力的培养。小家伙是听爸爸妈妈讲故事长大的。按理，这样的孩子，语文应该是很好的。可，童童是个例外。他的听写不尽如人意，作文总不温不火，考试成绩也非常一般。特别是作文，身为一名高中语文老师，童爸对儿子的作文很不满意：我给你讲了很多故事呀，我让你看了很多书呀，遗传基因没问题呀，为什么作文就不是那么回事呢？他说：

在我记忆的烟云里，童童对文字的敏感似乎被剪辑师搞丢了。每一次阅读，他都对文字的花丛视而不见，只是忘情地投入一波三折的情节河流里。

对此，我只能一笑而过。

三四年级，他的文字敏感期依然迟迟未来，语言的表达苍白无力。

我有些焦虑。

……

透过童爸婉约美丽的文字，我看到了一个父亲的期待和无奈，也看到自己教学的不足甚至失败。我也有些无奈，我很重视作文教学啊，三年级开始，猜谜语、做实验、搞活动、提供训练素材；写作前我有认真指导啊，讲评课我有认真讲授啊，其他孩子也有进步啊，这孩子，到底是怎么回事呢？是花期未到吗？

我只能这样自欺欺人地安慰自己。

（二）

童童作文的变化，源于一次发表。

教师节来临前夕，《三峡都市报》要征集一批赞美教师的作文。很多孩子抓住假期的尾巴，享受最后的疯狂，不愿参与投稿。童童写了一篇《师爱如咖啡》，改了一次又一次，文章成功发表了。

开学第二周我才得到消息。调动家长的力量，找到了60多份那天的报纸。学生人手一份，欣赏他的文章，朗读好句子，欣赏构思，更重要的是，我肯定了孩子的写作态度——很多人抓住假期的尾巴玩耍时，童童在构思、在写作，在一遍又一遍地修改。把人家玩耍的时间用来写作，这样的态度，更值得我们点赞。

我举行了隆重的颁奖仪式。请他拿着报纸上讲台，郑重其事地发给他稿费单，并拍照留念。"哇——"教室里一片整齐的惊叹声。这声音，狠狠地敲击着童童的心房。我还给了他更大的惊喜——一次奖励给他两张刊用纪念卡。

孩子们一脸不解："本来就有稿费，一张刊用卡就够了吧，为什么还要再发一张？"

"正规刊物的报纸比《周报》更有分量，《周报》每一期有20多人可以发表，正规刊物呢？你想要多的刊用纪念卡，也可以像梁涵童这样，去正规刊物发表作文啊！"我想激励更多的孩子，去正规刊物投稿。同时，童童的内心一定是波澜起伏的。一向处于作文中游的小家伙，从来没有想到，获得如此隆重的嘉奖。发表和表扬，带给他巨大的尊严感，也唤起了孩子的写作自信。童童在素材本中记录了这宝贵的瞬间：

不一般的荣誉

张张把大屏幕上的"美好的一天从阅读开始"改成了"颁奖仪式"。

咦？给谁颁奖？听爸爸说我的文章发表了，是给我颁奖吗？全班同学都要知道我的作文登报了！我抵不住荣誉的诱惑，那张报纸仿佛变成了美丽的少女，令我驻足痴望。张张拿起一张奖状，哎，登报就登报嘛，还拿奖状……"恭喜李浩然，获得世界华人作文竞赛一等奖。"啪啪啪的掌声响起。我非常失望。爸爸是骗我的吗？

突然，我听到了"天籁之音"："同时，恭喜梁涵童，他的《师爱如咖啡》发表在《三峡都市报》"。此刻，我使劲告诉自己不要骄傲，不要骄傲，可我的心里就是很骄傲。

下课，我的课桌围满了人："梁涵童，你安逸了哟。""梁涵童，你的作文怎么写得这么好？""梁涵童，我想采访你一下，请谈谈你的感受……"

我忙得不亦乐乎。此后，我也是十班风云人物啦。

从此，一提到写作，他总是充满了期待。他对每日简评格外重视，字迹工整不说，篇幅也越来越长，每到下课时间就来办公室翻看自己的简评本。对写作开始牵挂了，写作自然不会差。周末，他用心写稿件，仔细改作文，快成了班里的第一批作文新苗。找到了写作自信的童童，劲头足了，内心的小宇宙开始爆发。一篇《黑暗料理》成功登上了第9期《周报》：

"黑暗料理"

哇——好恶心！午饭和晚饭看起来都像虫类，我都快吐了。

中午，我同学把第一道菜抬进教室，我凑过去瞧了瞧，是"蚂蚁上树"。一根根粉条都斜着朝上立了起来，银白的身躯沾着佐料的残渣，如同一只只蛆虫在四处张望。搞怪的陈珂玥还故意把菜桶摇一摇，"蛆虫"的身体瞬间摇摆、簇拥着。陈珂玥自己也受不了了，大叫一声，飞似的逃跑了。围观的人越来越多，这些"蛆虫"好奇地往外探着头，同学们看了，个个都伸出舌头，显出要呕吐的样子。

　　回家吃晚餐，奶奶端上了一盘名叫蕨根粉的菜。我看了一眼，啊——根根"蚯蚓"涂上了墨汁，蜿蜒在碗里。我学着陈珂玥的方法将碗抖一抖，哇，一条条"蚯蚓"像活了一样在碗里蠕动，搞得我食欲都没了。

　　……

　　我特别欣赏片段里的特写镜头，"蚂蚁上树"中，粉条比喻成蛆虫，除了形状颜色上的相似之外，更紧扣题目《黑暗料理》，小家伙对食物的讨厌跃然纸上。"像蚯蚓一样的蕨根粉"，光是听起来，就让人没有食欲。富有生活气息的文字，令我百读不厌。

　　曾经，童爸说孩子的文字苍白无力。开启《周报》活动还不到一个月，他的文字发生了巨大的变化，这是我教的吗？不是。与生活产生了链接，有了倾诉的需求，有了写作的动力，有了发表的欲望，孩子就会写作。兴趣是写作的第一技巧，发表可以激发孩子的写作兴趣。写作与发表"联姻"，让孩子走上了"快乐写作路"。

　　原来，每一个孩子的写作，都可能绚烂，只是需要一次点燃。从不会到会，中间只隔着——一张《周报》的距离。

　　作文《周报》办到了28期，孩子们你追我赶，悄悄地或公开地较量着手里的资产——各种卡。童童的资产达到了富豪级别，累积了15张刊用纪念卡，成为首批班级小作家。小作家PK赛上，看着他毫无惧色地选择了超级写手"小老鼠"当对手，我知道，他是真的对自己充满了信心。

（三）

　　童童的作文越来越有生活的味道了，他什么都往素材本里写。同学的八卦，课间的逗趣，放学的冒险，他写进简评本；见到了讨厌的人，遇见了绮丽的景，攻克了困难的题，他写进简评本；得了表扬、闯了小祸、受了委屈，他写进简评本。对大人的不满，他也写进了简评本。简评，成了交流的平台，倾吐的窗口。我成了他最信任的朋友，最忠实的倾听者。周末，小家伙有了不吐不快的心事，给我写了一封信：

亲爱的张张：

您好！

写这封信，主要是想和您倾诉一下周末的感受。

张张，你知道吗？我每天做作业必须到十点多，可爸爸又叫我保护眼睛。周末，到了外婆家，她对我说："梁涵童，你必须九点钟之前做完作业睡觉。"外婆的语气很重，我只好点头答应。

最近不知道为什么，爸爸的脾气特别暴躁。周五去了外婆家，我的自行车停在外面，妈妈打电话叫奶奶帮忙推回去，可奶奶电话打不通，我只好向爸爸求助，电话接通没多久，爸爸冲着电话吼道："开什么玩笑？奶奶怎么骑得回来？"我也被吓傻了，只能自己坐了公交车回家，把自行车推回去。

午餐，外婆忽然问我："你是不是喜欢跟同桌说话？""没有哇，她上课时都不理我。"晚上，妈妈向爸爸"反映"了同桌的事情，并提出换同桌的"建议"。

爸爸因此被激怒了。回到家里，爸爸给妈妈打电话，在电话这头大吼大叫，完全没有分寸。接着，又给您打了电话。他跟您说话轻言细语，与跟妈妈说话的情形形成鲜明的对比。我要批评一下老爸了，以前不是说对待家人要像对待外人一样有礼貌吗？

等爸爸和您打完电话，我便写下了这封信……

童爸是一个很内敛的人，很有才，跟我交流总是很谦逊、很和蔼。作为一名高中语文老师，我信任他的人品和修养。小梁说爸爸"完全没有分寸"，可能是基于对妈妈的保护，也可能是因为爸爸跟妈妈交谈时有点急躁。平时跟童爸的交流中，他总流露出深深的自责，怪自己对孩子耐心不够，少了陪伴，对不起孩子。其实我知道，童童妈妈在外地上班，肩负高中语文教学任务的童爸，风里来雨里去，接送孩子，管理衣食住行，付出了很多。面对孩子的不足，他急躁过，但也曾一次次地试着调整呼吸，改变自己。只是，孩子没有觉察而已。作为他们的中间人，我想站在孩子的立场表示理解，同时希望孩子对爸爸多一点宽容。

那个不算温暖的早晨，我提起笔来，在孩子的简评本后面，回了一封信：

童童：

拥抱！

一早收到你的士力架，浑身充满力量。谢啦，很甜。（是不是吃货本色啊？）

孩子，辛苦了。成长不易，每个孩子的周末，不是在培训班，就是在去培训班的路上。我很心疼，也很无奈。坚持吧！孩子，每一滴汗水都不会白流。

你说爸爸脾气不好。这点，你爸爸自己也和我交谈过。他在反思，也在努力改变。不过，你要学会等待，爸爸几十年的急脾气，不是一时半会儿能够改过来的。但你要记着，爸爸为了你，真的在努力改变。同时，你也要学会原谅。原谅你不完美的老爸。因为我们每个人都是不完美的，你是，我也是。可是，我们并没有因为彼此的不完美而互相嫌弃。因为不完美，我们学会了理解、接纳。你爸爸是第一次做父亲，在做父亲的这条路上，也会跌跌撞撞。张张作为母亲，也会经常犯错，会误会我的孩子，会恶语指责我的孩子，弄清真相后也会很后悔、很自责。我也需要并特别期待女儿的原谅和鼓励。渐渐地，我明白，母女一场，父子一场，有时候就是在彼此的妥协中跟自己和解。这个过程，或许就叫成长。

谢谢你的信任，在简评中倾诉心事。你愿意把最想说的话讲给我听，被你信任的感觉，真好！爱你。

希望，我的文字，能化解你的不愉快。

祝：

每天都有笑脸。

爱你的张张
2019年4月18日

在你来我往的文字交流中，我们成了亲密的朋友。当孩子不再拿老师当老师的时候，老师的幸福感就来了。

（四）

童爸学校是我校的联谊单位。跟随学校篮球队去童爸学校联谊，受邀到食堂用餐。

童童拿着爸爸的饭卡去食堂吃饭。等餐的间隙，出门看见两个小屁孩儿。他们正吃着香喷喷的牛肉面，两个孩子远远地看见了我们桌上的王老吉，想喝一瓶。我抱了两瓶饮料赏给他们，两个孩子像是饿狼见到了猎物一般，小眼睛瞬间变成了铜铃。第二天一早，办公室的饭碗里放着一个巨无霸面包，旁边的纸条上是童童流畅的字体：

昨天你请我喝王老吉，今天我请你吃面包。

哈哈，望着自制的手工面包，我笑了。这"礼尚往来"也来得太及时了吧！我的心里一阵暖。从那以后，童童经常给我带吃的，有时候是一块巧克力，有时候是几颗糖，甚至还带了巧克力蛋糕。

课间，小家伙和几个孩子打闹，惹出了乱子，被学校领导抓住，当场批评，还询问了班级。被校长抓到，班主任的日子一般不会太好过。他们吓傻了，我也很生气，在班里发火并狠狠地批评了他们才放学。

第二天一早，办公桌上放着一杯香飘飘果茶，旁边的字条上写着：

张张，昨天让你生气了，喝杯茶消消气。

其实，我气早消了，可看到这样的字条，还是会不由自主地牵动嘴角，露出微笑。喝一口香香甜甜的奶茶，快步走向教室。跟孩子在一起的每一天，都值得期待。

又一个寒冷的冬天的早晨，风呼呼地刮着。冷啊。坐到办公桌前的椅子上，一杯香飘飘奶茶安安静静地守候在电脑旁，白纸上是童童用彩色笔写的留言：

张张，趁热喝。

捧起热乎乎的奶茶，心头也热乎乎的。纸条上五彩斑斓的字迹，串成了我和小家伙五彩斑斓的吃货故事：

三偷奶酪糕

……

我和刘家瑜去拿每日简评本时，看到了放在张张办公桌上的一个蛋糕，蛋糕用精致的盒子包装着，我们俩见了，"口水直下三千尺，欲望其处流不止"！海鹏兄不知从哪里冒出来，我们仨都驻足痴望着桌上的蛋糕，不停地咽口水。

"刘刘"忍不住了："要不——吃一点？"我和海鹏兄点点头。对视了一会儿，决定"吃"！停！我们直接开吃可不好，张张一定会以为是贼干的，我们可不是贼。我们商量，应该给张张留下纸条。鬼精的"刘刘"提议道："我们一个人写纸条不好，张张会认出字迹的。"

"那怎么办？"我的脸上挂着问号。

"我们可以一人写一个字，这样张张就认不出来了。"

"哈哈哈，此计甚妙！"

我们断断续续地写完了一句话："张老师，您的蛋糕，我们吃一点"，连标点都没打，我们便迫不及待地打开盒子，美丽的蛋糕呈现在我们眼前。哇，好香啊！这清纯的味道，洁白的奶油，水灵灵的黄桃，诱人啊。一共四块黄桃，我们仨一人一个，最后一个留给张张。盒子被垃圾桶回

51

收，装饰物被我收藏。嘻嘻，吃爽了，赶快跑！

　　中午，我独自一人又去办公室拿每日简评本，办公室一个人也没有。抬头一看，又是蛋糕。嘴里的口水开始乱窜。不行，坚持住！我想走，可是脚却不听话，手也不听使唤地伸向了蛋糕。

　　下午，我和李睿欣又来到办公室，还是为了拿每日简评本。我们又看到了蛋糕，但它已经只剩下三分之二了，"李老鼠"提起勺子就在蛋糕上舀了一勺吞下去，我见了，也学她的样子，舀一勺子吃了下去。我想在办公室逗留一会儿，便参观起大家的"我的书""我的报"，"李老鼠"还在吃，不愧是"老鼠"啊，蛋糕只剩下六分之一了。我们高高兴兴地回到了教室。

　　哈哈，蛋糕真好吃，张张对不住了。

　　蛋糕是谁送的我记不清楚了，本来也没想着一个人"独吞"，都是这个分一点儿，那个赏一口。小小的蛋糕，分给孩子们，那是爱、是宠，是老师特有的味道，谁吃都可以。反正他们"偷吃"也不是一两次了，习以为常。

　　而童童的这篇文章，我却很喜欢。题目《三偷奶酪糕》，很吸引人。为什么会偷了一次又一次？是偷上瘾了还是前两次没成功？吊足了人的胃口。看看"偷"的过程，第一次有"偷"的计划，第二次写"偷"的心理，第三次越"偷"越大胆。三次"偷吃"的过程，生动有趣。最后那句"对不住了"，短短几个字，便表现了一个孩子的淘气和可爱。我果断在简评本上敲下了"终选录用"，这"偷吃"，偷出了惊喜。

　　不过，这孩子又给我带来了另外的惊喜：

　　坐车回家，邓邓对我说，张张知道你去偷蛋糕了。我一惊，不是吧，天哪天哪，那蛋糕应该就是某人送给张张的吧，my god，张张在办公室一个人很寂寞，别人送的蛋糕又被人偷吃了，她一定会很伤心的，怎么办？

　　更让我愧疚的是，听说昨天是张张的生日，我不但没有给张张送蛋糕，反而偷吃了她的蛋糕。我恨自己，为什么要那么贪吃。一大早，我买了一个蛋糕，送到办公室，便自责地回到了教室，一整天我都觉得心里有一块石头悬着。我一直想找个机会，给张张道歉，老天却不给我这个机会。终于，我决定用笔表达出来。

张张，对不起，是我偷吃了您的蛋糕，是我的错，我以后一定会给你带更多好吃的，对不起。

我回复：

昨天不是我的生日。蛋糕好吃，大家共享，没什么的。更让我欣慰的是，偷吃了蛋糕，写出了赏心悦目的作文，有收获。另外告诉你，偷吃蛋糕的几个人，今天都给我送来了蛋糕，你说，我是不是赚大了？

我享受着童童的宠爱，享受着孩子们的宠爱，走进校园的每一个早晨，都步履轻盈。

童童还帮我做了很多事情，为了帮我洗碗，甚至还耍起了心机：

……

我正在吃饭，想去帮张张洗碗。放眼望去，邓邓在和张张"谈情说爱"，我便跑了过去。邓邓背对着讲台和张张讲话，我在他后面。邓邓像抱婴儿似地抱着张张的碗，想要拿到张张的碗，恐怕有点儿难，邓邓这人又很难缠。待会儿还要挤洗洁精，嘿！偷偷把邓邓的勺子藏到他的盒子里，这样我就可以争取更多时间。立即执行！刚藏好，邓邓就抱着张张的碗转过来了，他把碗放在桌子的一角，正要吃饭。我在电光火石之间，抓起碗就往门外跑。只听到邓邓的叫喊声："我勺子呢？""哈哈哈……"我只能在心里狂笑，这次计划圆满成功，哈哈哈哈……

请叫我"心机涵"！

"心机涵"的心机，都用在对"别人好"，这样的"心机"，叫"童心"，叫"善良"，叫"为人着想"。这心机，带给我的是身为人师的幸福和温暖。

童童也把这种幸福带给了同学。每天早上，他七点就到了教室。早间课外阅读，后来的同学放下凳子的声音总是影响别人，我想让先来的孩子把所有的凳子放下来，后面的孩子来了直接坐下就不会发出声响了。可是，放下全班同学的凳子，一天能做到，两天能做到，天天做到，确实不容易。观察了一周，童童坚持了一周，实在值得表扬，奖励了他一点零食。后面，很长一段时间，他天天来得很早，和几个先来的同学一起扫地，放凳子，开电脑，在黑板上写"成为让别人感到幸福的人"。他是这样写的，也是这样做的。期末，他又把这句话改成了"将来的你，一定会感谢现在努力拼搏的自己"。一个孩子来到班集体中，做的事情都是为别人着想的事，班级里多一个这样的孩子，就多一份温暖和幸福。童童，一个小小的男孩，身上藏着大大的正能量。他做我的学生，我骄傲，也感到幸运。

（五）

时间流逝，临近毕业。翻看我们的《周报》，童童出了"班级大作家专版"，出了"诺贝尔文学大师"专刊。他像一匹黑马，通过自己的努力，发奋、前行、飞奔、问鼎，成为十班"文坛"一颗闪亮的新星。

他的文字，不再像当初一般苍白干瘪，变得有声有色，有血有肉。"我的书"装帧活动中，童爸在给儿子的序言里写道：

终于，栽花植树的人提着水桶来了，辛勤的园丁匍匐的身躯那么美丽。

花儿们终得一次绽放的良机。细细阅读这本一年来的心迹，欢笑、调皮、戏谑；期望、紧张、失望；误会、嗔怪、打趣……一如轻盈的音符在琴键上轻快地弹跳，响起。这些稚嫩的岁月，定格成几乎不可能的神奇……

童爸的文字很美。我，长长地舒了一口气。

"太阳花"悄然绽放

（一）

言言是二年级下学期转学来的。瘦瘦小小的个子，大大的眼睛羞涩地望着我。安顿好她，观察了几日，发现她既没有什么特别出众的优点，也没有什么特别恼火的毛病。是个中规中矩而有点内向的小女生。

她是一个容易被遗忘的中等生。走进我的视线，是因为言言妈妈。

那是一个周五。下班后，我坐在大排档热闹的人群中。空气中弥漫着各种美食的香气，听着人群中或高或低的交谈，一周的辛劳与疲惫，随着升腾的热气慢慢消散。

打开朋友圈浏览，忽然，言言妈妈的消息引起了我的注意：随笔感恩！咦，家长随笔？有料！点开图片，是工整娟秀的文字：

大胆去试，远方有梦和诗

"请问诸生为什么而读书？"吃饭时，言言聊起课堂的情景。"李浩然想当一名作家，妈妈你知道吗？他是我们班的才子。"言言又说："刘香想当一名美食家，尝遍各地特色美食。"她兴奋地列了好多同学的梦想。言言放下筷子，比划着双手说道："我们张老师说，人要有梦想，活着才有意思！我长大了想当一名舞蹈老师。"听完她的话，我的心里就想，宝贝呀，你的梦想好难实现哟，上了好几个舞蹈班，也没激发出你的天赋呀。言言好像会读心术一般，继续说道："梦想是没那么容易实现的，但不努力，不试下怎么知道行不行呢？"

小家伙的一席话，让我对她刮目相看，更让我对张老师的敬佩升级。

就这么一位普通的老师，除了教孩子们知识，还教导孩子们更多做人的道理。我给了言言吃饱穿暖，张老师却给了孩子们梦、诗，还有远方。

我坐在这里写这些文字的时候，言言告诉我："妈妈，我还有一个梦想，就是写诗。张老师教我们仿写诗，我喜欢写儿童诗。"

我家孩子非栋梁之才，却是蓝天下一株小小的太阳花。孩子有幸遇到了一位好老师。宝贝，跟着老师的脚步走下去吧。不试下怎么知道行不行呢？想做就努力去做，这样活着才有意思！

看完这篇随笔，我的内心交织着一种难以言说的复杂情感。

想不到，随堂课上的一次简单提问，竟引发了孩子们课后那么深入的交流。看来，教学完这篇课文，孩子们并非一无所获，这是惊喜；想不到，"人活着应该有梦想，这样活着才有意思"，无心插柳地一说，竟说到言言的心上，激发了一个小女孩儿对梦想的追求；想不到，纯属个人爱好，让孩子尝试儿童诗仿写，居然有孩子对它情有独钟；更想不到，平时交流不多的言言妈妈，居然对我如此抬爱。那些情真意切的句子，在我的心里泛起融融的暖意，交织成难以抑制的感动，化作眼里盈盈的泪花。我想，作为一名老师，我应该不是太失败。

看完这篇随笔，更多的是深深的愧疚，因为一直以来对言言的忽视。我一直觉得言言是一个腼腆、内向，甚至有些胆小的孩子。课堂上几乎看不到她举起的小手，回答问题也是声如蚊蝇。我误以为这样一个默默无闻的女孩，是那种没心没肺没思想的孩子。哪知，她小小的心里，装了那么多的我，我的批评，我的鼓励，我课堂上的一句话、一个动作、一个眼神、我的儿童诗。在我的世界里，她似乎没有什么特别出色的地方。从来没有想到，她在妈妈的面前，是那样的健谈、阳光、有梦想，又富有活力和思想。是我对她过于严格？对她鼓励太少？忽然觉得自己真是有些失败。可是，一直以来，她心甘情愿地把我当成偶像一样的崇拜，在家里模仿我的语言，模仿我上课的一颦一笑，模仿我惩罚孩子的方式……言言，谢谢你一直以来对我的宽容和信任，更谢谢你，让我对自己的教育进行了一次深刻的反思：一个班级，老师除了要记住那为数不多的、众星拱月般的优生，要记住为数不多的、需要老师重点照顾的、心头病一般的后进生，更不要遗忘了那些既不是特别好，也不是特别糟的普通学生。他们，是班级的中坚力量，不能让他们在被人遗忘的角落自生自灭。

（二）

言言妈妈的鼓励，让我对言言的关注也变多了。

三年级的言言，不知为何变成了"数学困难户"，课上不在状态，作业一塌糊涂。言言妈妈多次打电话交谈、讨教，甚至在电话里面哭泣，说女儿一做数学题就喊头疼，去医院检查又没什么问题，她着急、无助、郁闷，急得忍不住哭出了声。我只好劝慰她不要着急，慢慢来，尽量陪伴孩子就好。

言言妈妈虽学历不高，但责任心强，每天陪伴着孩子的学习和成长。不会的就教，教了也不会，就放一放。周末，朋友圈经常看见他们一家人外出的照片，偶尔散步、偶尔运动，偶尔在书店。改变了心态的言言妈妈，开始以平常心接纳孩子的"不优秀"。那是一个母亲的慈悲。

日子不紧不慢地，言言依然保持着中游水平。作文也只算勉强过得去。但，书写却工整了不少，听写的错误率也大大降低。课间，经常看见她捧起书本静心阅读的身影。我相信并期待，在一家人的共同努力之下，言言一定会进步、会成长。

我依然是言言心中的"女神"。小家伙回到家，常常模仿着我的样子给妹妹上课，模仿着我的方式选班干部、批评学生。她常常念叨："我们张老师今天穿的衣服好漂亮""我们张老师今天分享了一篇文章""我们张老师今天给大家讲故事啦""……我们张老师说的……""我们张老师……"她常常把我挂在嘴边，"我们张老师"似乎成了她的口头禅。我对这个小女孩涌起满满的感激，被人模仿的认可，被人惦记的温暖，让我体会到为人师的快乐与幸福。

六年级开启了写"简评"、办《周报》的日子。言言妈妈特别支持，她随时关注着孩子的写作状态，经常给孩子的每日简评留言，她用智慧的方式，用心地陪伴着孩子的成长：

言言同学：

近几篇简评与前段时间的差别如下：

1. 态度端正了一些，从简评的字数和修改可以看出言言想写好。

2. 语句通顺有进步，基本能表达清楚你想说的意思。

3. 想要更出彩，可以在细节上下功夫，例如人物动作、心理变化、表情特写、作者感受等。

4. 买支红笔吧，你看自己改的好丑哦，"兵马未动、粮草先行"。你懂的。

言言妈妈的评语颇具智慧：肯定态度，鼓励先行，在写作技巧上提出的建议，准确专业。她常常写点小文，我看后喜欢分享在班级群，很多人问我："言言妈妈是不是语文老师？"不是。言言妈妈开着一个流动早餐店，卖着挺好吃的炒粉。长期陪伴和关注孩子的学习，言言妈成了半个专家。这才是真正的"跟孩子一起成长"。言言妈妈用行动告诉我，学历不一定与陪伴的质量成正比，"用心"才是关键。

（三）

四年级和五年级写过"每日简评"，很多孩子挺喜欢，但也有部分孩子不知道写简评的目的，简简单单，应付了事。尽管每天分享每日简评是孩子们最期待的事情，可笑过之后，部分孩子涛声依旧。办《班级作文周报》，为孩子的写作找到了发表的平台，在很大程度上点燃了孩子的写作热情。他们为了上《周报》，挖空心思、不遗余力；部分孩子处于犹豫状

态,他们带着矛盾的心理,想上报又信心不足或者"懒病作祟"。言言有一段时间就处于这种状态:

换个角度去思考

　　老师在讲台上发终选录用本,同学们十分紧张。我一个人坐在那儿,看着课外书,听着他们求老天保佑的声音,无精打采。我的稿件初选录用都没有通过,自然没有终选。同学们一份份紧张之后,有了一张张笑脸。老师说,她看的不是自荐中那两三句肉麻的恳求,而是我们一次次的努力。我其实有点后悔。因为自己在周末偷了懒,没有好好写。看着一张张笑脸,我真是肠子都悔青了。但是换个角度想一想,不用打字了,也挺好的。

　　也许,言言就是那种与世无争的个性;也许,言言的与世无争后面,是自信不足、自我安慰。在办报过程中,我会设计一个上报情况统计表,每一次稿件录用之后,都会做好记录,谁上报了,上了几次,一目了然。对部分写作困难生,也可以根据稿件录用统计表反馈的信息作调整。言言不属于照顾对象,也不是冲在最前面的作文尖子生,一直以来的状态,就是不争不抢,得之欣然,失之淡然。我不能操之过急,等着她调整状态吧。后面,言言的几篇文章,也如水般过了,不惊艳亦不差劲,言言妈妈有及时发现了她的状态,给予孩子推心置腹的话语:

言言,我想对你说

　　《自作自受》《奇迹暖暖》《换个角度去思考》《卷子我想对你说》这四篇简评的选材都很好,题目也很吸引人的眼球,有一睹为快的欲望。可妈妈发现你是"一篇君"。回头看看,这么好的选材,你却在一篇之内虎头蛇尾地结束。作文呢,妈妈是没你写得好,这仅仅是妈妈在读了你简评后的感受。你自己空了之后再看看吧。

或许是妈妈的文字给了言言触动，第二天，言言由"一篇君"变成了"两篇君"，甚至偶尔写两篇每日简评。这让我看到了妈妈的力量。

数学似乎也成了摆在言言面前的一个大老虎，言言怕它，甚至有些沮丧。这影响了她的学习心态，一次次在简评中倾诉烦恼。言言妈妈又出手了：

关于数学，我觉得你最近学习吃力了。从家庭作业来看，你很想得到"红红奖章"。学习数学，态度认真固然重要，方法、思想更是关键。个人有以下建议：

1. 自信。数学不难，班上的数学学霸，不比你聪明，他们只是方法更好。

2. 预习。老师布置的预习作业，不要仅看看视频，要拿着笔认认真真做一遍，完成预习题。

3. 听讲。眼睛看着老师，跟着他的讲话思考。没有听懂的先暂时放下，下课后问问同学和老师。

4. 认真作业。读题仔细，一定借助草稿本。画图、分析，比空想有用。

5. 数学成绩提高有立竿见影的效果。有了一次高分的喜悦，你就会更有信心。有了高分的喜悦，有了被认可的喜悦，即是学习的乐趣。

哎，现在已经九点了，看着你小小的身影还在埋头苦干，还是比较心疼你的。再看看你的成绩，有一句话我们共勉吧：不要假装很努力，结果不会陪你演戏。

可喜的是，言言的数学考试，也取得了进步：

幸　运

数学考试，题目十分抽象。可经过草稿纸的牺牲和新笔芯的消磨，终于做完了。卷子交上去，和大家对答案，后面的难题居然做对了，真幸运。

宣布终选录用的名单，我的作文居然被录用了。真幸运。

《周报》讲评课，选佳作我对了四个，成功获得一张才运卡，终于可以感受摸抽奖球的滋味了。真是太幸运了。

我留言：幸运的背后，是你努力的艰辛，祝贺你，言言童鞋。继续努力，前面有更多的惊喜等着你。

（四）

文字是有力量的。

自那以后，言言的每日简评脱胎换骨。篇篇长文，篇篇精彩。事实证明，孩子是会写作文的。不会写，多半是没有唤起他们写的欲望。高星评价给了孩子巨大的鼓励，她越写越精彩，越写越带劲。言言很快评上了"班级小作家"。

我以为这个生性柔弱的女孩儿达到了目的，会停下来休息一段时间。没想到，这仅仅是她爆发的开始。此后的一段日子，小家伙的简评变成了"作文"，天天不间断。因为她有一个伟大的梦想——冲击《周报》活动最高奖"班级诺贝尔文学奖"。离毕业不到两个月，每天的作业、练习、背诵堆成山，我把每日简评降低了要求。我帮她算了算，集满12000字的稿件，每天的简评要写400字以上，要保证上报，质量要求更高，这真是个艰巨的任务呢，她能完成吗？哪知小女孩儿回答："我想试一试。"

我想起了前面那句"人是要有点梦想的，这样活着才有意思"，成长的路上，言言一直没有丢了梦想，大的、小的，一步一步，踏踏实实。尽管在坚持的路上，小家伙走得并不轻松：

> 我是被"音乐熏陶"的孩子
>
> 那群人天天跳广场舞，我已经习惯了边写作业边听音乐。这不，又到

了写"每日简评"的时候了，真好，今天周六，下午做作业。广场舞，晚上才跳呢，正好躲过一劫。

殊不知，广场上又飘来了音乐声，还是《新贵妃醉酒》："爱恨就在一瞬间……相爱两茫茫，问君何时恋……"

又来一首："白日不到处，青春恰自来。苔花如米小，也学牡丹开。如果没有那次眼泪灌溉……"

我是被音乐熏陶过的孩子，谁叫广场舞每天为我伴奏呢，不听音乐写作业是没有思路的，唉。

在如此嘈杂的音乐声中奋笔疾书的女孩值得尊敬，同时又被她幽默的文字逗笑。如果没有言言妈妈的鼓励与关注，言言大概不会在短时间内异军突起，成为十班那颗令人刮目相看的"写作明星"吧。言言进步的背后，有一位平凡而伟大的妈妈。

（五）

言言毕业了，还差一点点评上"班级诺贝尔文学大师"，但她的小学没有留下遗憾吧。努力之后，不是成功就是成长。我很欣慰。

然而，言言妈妈跟我的联系并没有毕业。

教师节，收到言言妈妈的长消息，那是送给所有老师的礼物。她回忆了生命中给自己、给孩子带来影响的老师们，有"前任"，也有"现任"：

……

时光荏苒，我的孩子也到了读书的年龄，偶遇了一群新时代的老师，在他们身上，我看到太多的感动！

言言的女神张张老师，是一位从农村学校走出来的教师，已有17年的教书生涯。在刚刚毕业的电小十班的孩子们笔下，她的形象要多霸道有多霸道，要多有才有多有才，要多可爱有多可爱，孩子们愿意告诉她小秘密，受委屈后愿意找她倾诉，更愿意用优异的成绩赢得张张"后官三千，独我一人"的尊宠，我想孩子们长大了会遇到无数优秀的老师，而"张登慧"三个字会一直占据王座的位置。因为她为孩子们付出太多，让孩子们不舍的太多，让家长们感动的太多。在这个美丽的教师节，孩子们会在心里悄悄想起张张吧，会双臂拥抱梦中的张张吧，会嘴角向上思念女神张张吧！

……

看到短信的那一刻，我忍不住流泪。那是一种付出被认可的幸福。孩子毕业之后，家长还愿意为你留下只言片语的，我确信，是真爱。我沉浸在这种新型的"战略伙伴"式的新型家校关系里，感动着，庆幸着。

经常看言言妈妈的朋友圈。那个小学在班里不算太出众的小女孩儿，进入初中，第一次月考年级第十五名，后来，言言回校看我，她说，自己是新班级里面的语文课代表，她的作文得到了老师一次又一次的表扬。我很欣慰。

言言是幸福的，因为遇到了一位好妈妈。她对孩子不离不弃的陪伴，成了言言成长路上最好的营养，言言一天一天，在爱的滋养下健康地长大。她，真的成了阳光下那朵小小的太阳花，夺目而灿烂。

五年的相伴，言言一直沉默，一直对我信任有加。感谢你，对老师无条件的包容。我亦是幸福的。因为，我遇到了言言这样的好学生，还遇到了言言妈妈这样的好家长。

"简评黑马"现江湖

(一)

毛豆儿瘦瘦小小的。一副圆框的蓝色眼镜儿后面藏着一双小小的眼睛,贼精贼精的。四年级从一所教学质量颇好的学校转学过来,毛豆外婆介绍他的前任老师是区级优秀教师,教书很好。

外婆无心的一句话让我压力不小。这孩子来到我这儿,可不能有什么"闪失"。对新生,老师会本能地多一点关注。我留意着孩子的一举一动,回答问题声音很响亮,我夸了他,他更大声了,惹得班里一阵窃笑,毛豆儿瞬间羞红了脸。他的作业也能按时完成,除了书写有点像毛豆的枝蔓。他不是特别出众,也没有特别恼火的学科,没有让人眼前一亮的特长,也没有特别让人生气的举动。后来,毛豆儿适应了环境、结交了死党,融入了新的集体,他过着惬意的中等生的日子。

《周报》的开启,给了他改变的机会。

出于对新事物的喜欢,每日简评一推出就受到了大家的热情追捧。简评本成了孩子们的新宠。下发简评本的第一时刻,大家互相打探对方的得星。毛豆儿对此似乎兴趣不大,密密麻麻写上五六排,并不美观的书写让人头疼,这简评在他看来还是作业呢。每天放学之前,读优秀简评成了最快乐的时光。孩子们听着同伴的文字嘻嘻哈哈,总是舍不得放学。渐渐地,毛豆似乎也找到了状态,偶尔一次简评,也能登上"分享时光"。这不算很隆重的表扬,却给了他极大的鼓励,让他找到了写作的动力。

他的简评变了模样——越写越长,有时候甚至是密密麻麻的两页,"简评"不"简"已经成了毛豆的写作常态。一天,毛豆在简评中立下豪言：要像徐徐那样，一个月写满 19 页，得个五星三连杀，拿到优先刊用卡，迈着六亲不认的步伐走进教室！我等着看他小身体爆发出大能量。

（二）

受管建刚老师的影响，我把真话意识当成写作的第一意识。《周报》活动开启以来，我鼓励孩子们写真话。最初，孩子们会有这样那样的担心，会试探老师的反应。真话意识的培养需要良好的土壤。

有几次，毛豆的每日简评给我印象很深。题目《李白拉"翔"》，很吸引我。"拉翔"，就是拉屎的意思。我鼓励孩子们写屁大点的事情，看来毛豆儿是把真话意识的含义理解透了。文章还真的挺逗。"单身三人组"恶搞到了厕所，李白故意把"翔"拉得很有造型，故意不冲厕所。后来，那坨"翔"发生了一点点形变。我有些恶心，又有些担心，是不是几个孩子随地大小便呢，但出于真话意识的保护，我没有质问他，也没有在班上批评他们，就在文后给了一句评语：请问，翔在何处？他回复：一楼 WC，已被水冲走。悬着的一颗心才落了下来。很庆幸，巧妙地了解了情况，没有抹杀一个孩子说真话的权利。

临近期末，学习任务加重，毛豆儿依然对每日简评一往情深，依然每天保持着整整两篇大致 600 字，内容也很有意思，都是发生在班里的同学之间的事情，或有趣、或搞笑、或温情、或糗事儿，读起来兴味盎然。我看到了他的坚持，一次次大张旗鼓地表扬他。

可是有一天，毛豆儿的每日简评让我心绪难平：

此刻是晚上十点，我还在灯下奋笔疾书。门外传来了外公的吼声："刘鑫宇，你还不快点睡，一天到黑就写那什么每日简评，信不信我给你撕掉！写那每日简评有什么屁用，还不如多写两个生字，多做两道数学题。"

哼！我就是要写每日简评怎么啦，我就是喜欢写，你能把我怎么样？

好吧，你叫我洗澡，我偏不洗，我把简评本带到卫生间，看你拿我怎么办！

没想到，到卫生间也不得安宁。外公扯着嗓子喊："你在干啥子？还没有洗澡吗？一点水声都听不到。"

"在洗，在洗，我正在脱衣服！"我一边应着，一边马不停蹄奋笔疾书……

一个孩子，要面对应试的压力，还要克服家长的阻力，坚持写作，他躲在卫生间，小心翼翼、全神贯注、奋笔疾书的身影，一次又一次浮现在眼前。他的坚持和执着令我感动、令我敬佩。同时，我的内心又泛起委屈和迷茫：难道作文真的就不如几道习题，几张试卷？我深深爱着的作文教学，在家长们的心中就这么不值一提吗？孩子们喜欢写作、喜欢《周报》也是一种错误？我不信，也不服！

比起自己，我更担心毛豆的状态。一个孩子刚刚激发起来的写作兴趣，如幼苗一般稚嫩而弱小，一不小心，就被碾压得体无完肤。我要为自己，更为孩子争取点什么。

毛豆的父母不在身边，由外公外婆养育。外公外婆性格比较执拗，特别是外公，是一所农村学校的退休教师，对教育有一些自己的见解，孩子从原学校转过来之后，曾经还算客气地跟我交流："为什么以前班上的老师要布置积累好词好句的作业，现在都不布置？"这个问题，不同的老师有不同的见解，有的人认为抄写积累有利于孩子的作文；我则一直不太欣赏这种做法，我认为真正的好词好句不是在摘抄本上，而是在鲜活的文章中，诵读可能比摘抄更有效率。相对于过去，现在的孩子获取语言的渠道更多，他们的生活积累比过去丰富，我比较支持孩子用自己的语言表达生活。老伯看似没再言语，不过我看得出来，他对此事的看法跟我不同。老师和家长的观念有出入，很正常，不能指望每一个家长都保持着和老师完全相同的理念。但我对于自己认定的教育方式，也不会轻易妥协或改变。

这需要沟通。我想到了孩子的父母。毛豆爸爸在成都一家公司从事着计算机方面的工作，思想应该比较开明。老一辈对写作的认识和老师有冲突，可以和孩子父母沟通。点开刘爸爸的微信，将孩子的简评发给他，表扬了毛豆儿的勤奋和坚持。同时也询问了刘爸爸对此事的看法。刘爸爸的回答给我吃了一颗定心丸："张老师，这件事情我跟孩子交流过了，只要孩子能够完成其他作业，我支持他写每日简评。人总要有点爱好，这是个很好的爱好。今天我也和孩子商量了时间安排，跟家里的老人说好了，后面不会出现类似的事情了。感谢你的良苦用心。"

有了毛豆爸爸的支持，毛豆没有了后顾之忧，努力写，坚持写。我也在选稿的时候适度"照顾"一下。发表催生了新的力量，他的"简评"变成了长文，看着密密麻麻的文字，我仿佛看到，冬日深夜的寒灯下，他伏案书写的倔强身影。一个月，他写了满满当当的19页简评，就这样，拿到了梦寐以求的"优先刊用卡"。有了"免死金牌"护航，毛豆的每周一稿写得更加用心了。

期末考试来临，最后一次"刊用卡"发完之后颁发奖状。

"现在宣布本期获评'作文小能手'的同学。"孩子们睁大好奇而渴望的眼睛。

"刘——鑫——宇——"

"啊——?"孩子发出惊讶的呼声。名不见经传的毛豆儿，怎么就无声无息地评上了"作文小能手"?

"啊什么啊？不服气是不?"毛豆儿昂着头、挺着胸，迈着六亲不认的步伐走上讲台，像凯旋而归的斗士。所有的扬眉吐气，都是努力坚持的实力证明，我要为毛豆儿喝彩。

我抓住机会，狠狠地表扬了他："你们知道人家的每日简评写了几个本子吗？人家在外公外婆不支持的情况下，还坚持写长文，偷偷写长文，

67

甚至在卫生间躲着写作文，如此努力，评不上'作文小能手'，我都不服。"

期末评上"作文小能手"，毛豆儿为本期的拼搏画上了一个圆满的句号。可是，毛豆儿挺喜欢玩手机的，寒假能不能坚持呢？此刻，脑子里又想起了他贼精贼精的眼神。但愿，他能够抵挡住诱惑，在漫长而短暂的寒假里，给我一个又一个惊喜。

寒假，毛豆并没有给我太多的惊喜。留守儿童，缺乏大人的鼓励和监督，热情跟着新年里袅袅的酒香肉香飘散在风里。我并不是很意外。

（三）

意外，真的来了……

开学一个星期，毛豆在简评里"口出狂言"——要创造一个月写五本简评的"班级吉尼斯纪录"。那天，他的简评写了长长的三页。我表扬了他，把他的计划公之于众。教室里一片嘘声："这不是疯了吧？"

"你们觉得他能写完吗？"我在泛起微澜的湖面投下石块。

"怎么可能？五本？手不断才怪。"孩子们表示怀疑。

我问一个月写完两本的徐徐，她说："据我的推测，不可能完成五本，我给大家做一个数学题，本月还剩下 20 天，现在才写完一本，还要写四本。每本 20 页，总共写 80 页就是 160 面，每天要写 8 面，以我的经验，每天写 4 面，就已经需要很大的毅力了。近期作业又多，我觉得基本上不可能完成。"

那天毛豆儿成了很多人的写作素材：

毛豆简直是疯了！居然告诉大家本月要完成五本每日简评。五本？不吃不喝？张老师居然也相信了他的鬼话，还在班上大肆表扬。我看你今天倒是在班上风光了一把，到时候，看你的面子往哪里搁？

——程昕羲

"刘鑫宇、蔡妙欣、李康炜……把简评本拿上来。"不用说,又是念简评。不对,怎么哪儿都有刘鑫宇?本来我俩井水不犯河水,他努他的力,我凑我的稿件。可这几天,他就如一阵龙卷风,顷刻间席卷了十班文坛,来得那么快、那么猛,让十班干将措手不及。一时间,老将们无计可施。本想以不动制万动,坐观大局的我,地位也开始动摇。我看,他不是在发力,而是在发疯……

——李康炜

当天,毛豆回家写简评,他讨伐我的告密:

都是你,讨厌的张张,你怎么可以把我的计划公之于众呢?万一,我是说"万一",写不完,你让我还怎么混?那时候,唾沫星子都能淹死我。

其实,他自己也处于矛盾中:

哼,我也要感谢你告密,同学们不是都认为我完不成这个目标吗?我要挑战不可能,让他们看到我就是奇迹的创造者。我要感谢你给了我绝地反击的机会,激发了我的斗志。

毛豆还在简评中向我求情:

张张,你能不能第一个批阅我的简评,批完之后,就马上发给我,我要抓紧每一天的空闲时间写简评,课间、自习、午休都是绝佳时间。

如此真诚的请求,我怎么可能不答应:

为你的坚持与努力感动。这个要求,一定答应!记得每天第一节下课时间到办公室领取你的"宝贝儿简评"。

他回复我一个大大的丑丑的笑脸。

此后,毛豆的简评每天都写满密密麻麻的三四页,甚至五六页。下定决心做一件事情,时间总会是有的。目标加上行动,就有可能创造奇迹。

午自习,我又开始分享简评。陆陆续续分享了几篇,我请毛豆儿拿来他的简评本。翻开一看,咦,怎么好几页都没有改?我疑惑地看着毛豆儿:"今天我忘记批阅你的简评了吗?"

"不是不是。"同学们异口同声。

"那怎么这么多没有改呢?"

教室里一阵叽叽喳喳,我听不清。一个孩子站起来:"张老师,那是他今天写的。"

啊?密密麻麻好几页,我有些不敢相信,不会是在上其他课的时候写的吧?

"你什么时候写的?"

"下课啊,音乐课老师没来的那几分钟我都在写,体育课我把简评本带到操场去,老师让我们自由活动,我就蹲在台阶上写。"哦,我恍然大悟!朝着毛豆儿狠狠地竖起了大拇指。

小宇宙真的爆发了大能量。

3月27号,毛豆写完了四本,已经创造了十班"素材之最"。我拍照发群里,附上一句话:"写完四本的超人。"家长群里一片掌声。从不在群里发言的刘爸爸刘妈妈居然出来亮相了:"感谢张老师鼓励,孩子来到十班进步很大,在十班学习,孩子很幸福。"一直以为刘爸爸刘妈妈忙,不太关注班级群,看来是我错了,家长关注的是自己的孩子有没有得到老师的肯定与鼓励,他们都期待着自己孩子的"高光时刻"。

四月的脚步越来越近了,毛豆的简评也写完了四本,不过,据我推算,离五本的目标,有点悬。三月的最后两天,迎来了周末,这给他提供了时机。我不相信小家伙在一个周末能写完一本,同时又深深地期待着他能够实现目标、兑现诺言。

四月一号,星期一。毫无疑问,毛豆的简评成了大家的重点关注对象。到底写没写完呢?很多孩子跟我一样满怀期待。

走进教室,孩子们夸张地告诉我:"毛豆写完了第五本简评,他最后一个周末，狂飙13页完成了几乎不可能的'创举'！"刚到教室门口，一大群人跑到我面前报信儿。他们发出不可思议的赞叹，有的甚至直呼"收下我的膝盖"！毛豆在大家羡慕嫉妒甚至崇拜的眼神中，迈着六亲不认的步伐再一次走上讲台，接受属于他的胜利，领取属于他的"勋章"——五张"优先刊用卡"。

毛豆提议："张张，我提议，优先刊用卡可以买五送一，像我这么努力的孩子，除了得到应得的五张优先卡之外，还应该额外奖励一张。你说是不是？"

我狠狠地点点头，响亮地回答："是！"

（四）

默默无闻的毛豆儿，成了班级里的"简评黑马"，在十班掀起了又一波你追我赶的写作热潮。毕业之际，他当然也评上了"班级小作家"。

毛豆儿爸爸跟我交流，他一直理解老一辈带孩子的不易与无奈，还告诉我，这几年奋力打拼，在成都买了房。决定把孩子送到成都七中上中学，自己也能够给予孩子多一些陪伴和照顾。努力与爆发的背后，还有一份不变的期望与守候，毛豆儿是幸福的。

孩子毕业半年了。我翻阅曾经的记录，找回了曾经的时光。此刻，新年刚过，远在成都的你，不再是留守在外公外婆身边的孩子。那些豪情和斗智，应该不会飘散在浓郁的年味儿和酒肉的香味中吧……

遥寄祝福。

逼出"班级小作家"

（一）

为为是我的"爱宠"，他自认为，我亦不否认。

这是一个让我一言难尽的男孩儿。他是插班生，初见，那双圆溜溜的眼睛鬼灵鬼灵的。担心他怕生，安排他坐第一排；看他又瘦又小，排队也在最前面，这样我照顾他来就方便多了。

好家伙，半天功夫，他已经和同学打成一片了。

混熟之后，他成了班里的活跃分子。下课和女生追来跑去，周末搞得一个小区鸡飞狗跳，课堂上也别指望他安分守己。反正一说到坏事，准少不了他。每日简评里，写他的丑事、坏事、囧事的最多。分享每日简评，只要一听说是关于他的，瞬间鸦雀无声。他的人气指数，堪比鹿晗、王源和易烊千玺。

为为经常给大家带来笑声。午餐时，他撒了两粒饭在裤子上。这鬼家伙，不忙着把饭捡起来，也不急着掸到地上。他抬起头来，望了望和他相对而坐的雨涵，往她身后一指："张老师来了！"雨涵一转头，他以迅雷不及掩耳之势，抓起饭粒塞进嘴里。这一切，哪逃得过同学们雪亮的眼睛。为为的小聪明，被雨涵在简评中曝光，大家笑得前仰后合，他也张开嘴大笑。好不容易收场了，他笑眯眯冒一句："张老师说不能撒饭，往地上丢不行，往桌子上丢也不行。那我只好吃了。"又是一阵经久不息的笑声。

这家伙"脸皮厚"，不记仇。课堂上刚批了他，下课又屁颠儿屁颠儿跑到办公室，不是问作业，就是围着你骗吃骗喝，什么好吃的都没有，润喉糖也要讨一粒。

（二）

为为是运动场上的英雄，却是《周报》活动中的"狗熊"。不是不会写，而是懒癌发作，没法治。有文字为证：

我有一个"坑逼"的老师，叫张张

张张是十班创造者，二十一世纪最贱、最坑的骨干教师。大家都叫她张张，这是个十分庸俗的名字，我管她叫"张坑逼"。她实在是太坑了，处处针对我，她做的那些事让我伤透了心。

……

崔崔出现在我的面前，摆出了非常别致的造型——趴在板凳上，撅起肥屁股。我污污的思想看到这个画面，有了一个大胆的想法。心动不如行动，立马实施诡计，崔崔白花花的屁股晃得大家眼睛都睁不开。奸计得逞，我马上逃出"犯罪现场"。

……

这事传到了"张坑逼"耳中，我和崔崔被"押进地牢"。张张严肃的眼神看着我。"遭！遭！张张脸色不对，我要完蛋了。"

……

看这些精彩的文字，真不相信为为不会写作文。可他，对《周报》活动无动于衷，以各种借口逃避终选，要么不修改，要么故意只改两三个字。在我的威逼利诱之下，心不甘情不愿上传的那篇《"闯入"决赛的感觉》，也称得上佳作：

"闯入"决赛的感觉

"陈可为，去喊队友们紧急集合，今天的比赛至关重要，我们要早点商量战术。"胡老师扯着喉咙喊。

这先声夺人的开头，很能引起阅读兴趣。

……

杨校长鼓励我们："输了球没事，只要志气在，任何失败都有价值。"这句话给我们带来了自信，我立下准则——死到临头也不能认怂，血拼到底！

……

这个任意球由陶伟林来发，陶伟林号称"左脚杀手"，以他的技术进球已毫无悬念了，只见小陶陶妖娆的小碎步助跑过去，内脚背一擦，一个完美的左脚抽射将球送进球门，2比0，我队两个球领先，队员们冲上去给陶伟林一个大大的熊抱，画面太美，不能直视！

……

为了帮为为找到写作的荣誉感，我把这篇文章发到小作家网投稿。他得到了200多元打赏。以为这样的刺激能够激发他向上的力量，哪知，懒病严重的他，依然对《周报》保持着不冷不热的态度。我不由得感慨，办《周报》，也是一场"单恋"。上学期，断断续续发表了五篇文章，寒假他倒是痛痛快快，一篇稿件不交。

他需要刺激，我在寻找时机。

到了毕业季，《周报》开始出版"班级小作家专栏""班级大作家专版"和"班级诺贝尔文学大师专刊"。还举行了"最具人气大作家"评选，和"班级诺贝尔文学大师"庆功会。为了抓紧时间冲击毕业考试，五月之后，我们的《周报》评奖活动终止，将以专题形式刊出。我提醒孩子们抓紧时间抢版面，不要到毕业的时候，人家早就"大师"了，你还是个"苗苗儿"。我开启调侃模式："以后长大了回来参加同学聚会，回忆小学时候的作文称号，人家笑话你还是个小苗苗儿，我看你的面子往哪儿搁？"我有意地冲着为为，看了又看，瞟了又瞟。这话，对于有些"英雄主义"的为为来说，居然有效了。他笑着说："我还是努力，争取评上个'小能手'嘛。"

半数的人开始存稿件出专栏专版专刊，半数的人留下来继续抢夺剩余的两个版面（另两个版面为班级小作家专栏），竞争压力没那么大，这给为为那样比较有实力而不愿意努力的孩子提供了机会。他抓住时机认真写稿，并且找到了上报的"捷径"——初稿不要写得太好，初选之后，改得多，终选录用的机会大。修改之后的文章，确实比之前进步多了，我敲下了终选录用章。

（三）

改版后的《周报》，作文优等生出专栏，剩余两个版面的作文暴露出的最大问题，就是篇幅不够长。好的五六百字，可还有为数不少的人，依然在温饱线上挣扎。讲评课，我决定帮助他们解决温饱问题。

以谁为突破口呢？为为是最好的选择。此人是大名鼎鼎的"死不要脸夫斯基"，即使讲评课指出了不足，也不会觉得受到太多的伤害；还有一个重要原因，他的文章得到了同学的认可，李睿欣以"专业读报二十年"的眼光，说他写得不错，"语言生动，'办公室里充满了杀气'也为后面张张说赌约无效的残酷，埋下了伏笔。唯一不足的就是，我听到这个消息时生气的表现没有写具体，如果加入特写的话，就完美了"。

管建刚老师说："同伴的教育力量，高于老师的力量。"我想试一试。讲评课上，我建议，既然是同学提出来的，我们一起想办法解决问题。大家七嘴八舌说开了，哪个地方的心里想法需要充实，哪个地方的动作需要特写，各抒己见。我问为为同不同意，他笑嘻嘻地点头。我告诉他，把这篇文章再写一遍，按照同学们的建议，加入两个特写，可以优先录用。打一巴掌赏一颗枣，刚刚把人家批了，这会儿送他一个"惊喜"。果然，为为再次交上来的稿件生动多了，还被评上了佳作。一篇文章，两张刊用卡，还额外收获一张才运卡，为为兴奋地跳起了"扭臀舞"。

我的手机掉进汤桶，为为写了简评"泄愤"，说我遭到了天谴。情感真实而鲜明，作为简评很不错，可是要把它变成稿件，还需要充实。我挤出早读课分享了简评，称赞他写得不错。手机掉进汤桶之后，老师怎么做的，怎么说的；同学们有什么反应，你是如何"幸灾乐祸、落井下石"的，写具体一点，一定是一篇佳作。这其实是在给他的稿件上作前指导课。小家伙不笨，周末果真按照我的提示写了这篇文章，又成功见报了。就这样，七周之后，为为发表了三篇，可以评上"作文小能手"了。

天有不测风云。为为的刊用纪念卡掉了一张。他整天窜到办公室，死缠烂打找我补卡："那是我大半年的心血啊，好不容易可以评上小能手了，卡丢了，还要我活不？"我让他拿出《周报》，找到发表的文章补发卡片，小子居然一口气说出了自己上报作文的题目。我爽快地赏他一张卡，他终于评上了"作文小能手"。

（四）

不想他止步于此。

本周，为为的稿件依然不错，评上"作文小能手"，但离"班级小作家"的距离还远，我担心此人懒癌继续发作，得再给他一点希望。果断在稿件本上敲上"初选录用"章。现在，小家伙倒表现出浓厚的上报兴趣。回家认认真真修改稿件，一次又一次关注录用情况。

因为犯错误，我以"请家长"和"写简评两页"二选一作为惩戒。一般人都会选写两页简评，可对为为来说，有些难以抉择，"懒癌三期"的他，简评也是硬伤啊。他犹豫了很久，说，我回家把今天事情写下来行不？我说可以，但是要写两页。出于无奈，他答应了。我一阵窃喜：终于上套了。

翻开简评本，密密麻麻的一页半。把事情的经过写得很清楚，还抱怨值周班长不公平。这有血有肉的简评，完全达到了稿件的标准，我豪爽地敲上了"终选录用"章。

拿到简评本的那一刻，为为两眼放光："张张，我的每日简评盖了'终选录用'章，你是不是盖错了哟？"

"没有，你的简评写得很好，完全达到了上报的标准，我给你特权了！"

对于一贯只写五六行的为为来说，两页简评是一个巨大的突破，哪怕是以惩戒的方式要求他写出来，也很不错了。我想让他明白，写好简评，就是如此的幸福。"我可以两篇同时来抢版面吗？如果我一下子发两篇文章，是不是可以得到两张刊用纪念卡呢？"我说是。他算了算："如果这两篇都发了的话，我就有11张卡，'班级小作家'指日可待了。"

我问他："还差四篇才可以评上班级小作家，你有信心吗？"

"有！"

"时间不多了，需要每周上报，你可以？"

"可以！"

为为呀为为，真希望你不要辜负了我所有的"威逼利诱"啊。

（五）

"为为哭了。"教室里一片不敢置信的声音。

为为哭了？这倒在我的意料之外。

一早，班级特约快递员小王同志送来了第61期《周报》，为为一脸的惊喜——拿到本期的刊用纪念卡，集齐15张，可以名正言顺地评上"班级小作家"，再也不是被我取笑的"苗苗"啦。那是一种努力得到证明之后的扬眉吐气，走路都自带光环。

一组一组下发《周报》，孩子们在字里行间快速搜寻自己的名字，菜菜知道没有自己的，她说那天时间太晚，再加上反正终选的稿件很多，她决定让出版面。这会儿，她捧着报纸，快速浏览作者的名字，告诉为为一个残酷的事实——他的稿件没有录用。为为不信，一脸挑衅地看着菜菜，恨不得把她吃掉。菜菜一本正经告诉为为，这是真相。我也在一旁附和："为为，这次你拼手速失败了，没有录用，班级小作家又没有了。"这时候，报纸也发到了为为手中。他的目光仔仔细细在报纸上搜索，最终暗淡下来。只见他紧闭着嘴巴，睫毛不停地颤动，而后竟然流下泪来，他又低下头，悄悄地伸手擦掉眼角的泪。我逗他玩儿："咦？为为你居然哭了？"这一笑，男子汉哭得更凶了，撇着嘴流着泪，一脸不高兴。看他那样，我不忍心再逗他，解释了原因：本期版面不够，你上传的稿件排位是最后的，所以稿件就存下来了。排版的时候，我就有些忐忑，这孩子会不会失望呢，但我真没想到这家伙的反应竟然这么大，看似"玩世不恭"的为为，也对《周报》动了真情。

菜菜问我还出增刊不，我说不一定。这一次没有卖关子，因为时间不允许，再加上，进入复习阶段，毕业在即，留存的稿件不一定够出增刊，这对为为来说，无疑是雪上加霜。他，还在那儿不停地抹眼泪，没有了运动场上的意气风发，倒显出几分落寞。要知道为为是典型的小男子汉，口中随时喊着"流血流汗不流泪"的呀。今天，在大庭广众之下，他控制不住地哭了，上报对于他来说，竟有那么大的吸引力。

看着他"楚楚可怜"的样子，我有点不忍心，走到他身旁，悄悄说："你哭的样子好可爱哟。"他一边抹眼泪一边告诉我："爸爸妈妈出去散步去了，很晚才回来，耽误了传稿件的时间。"我继续逗他，那回家找你爸爸妈妈算账，把你的"班级小作家"都搞丢了。为为狠狠地点了点头。我鼓励为为，回家好好写，争取优先录用。为为又狠狠点了点头。

为《周报》流泪的为为呀，你果真没有辜负我的期望。

（六）

特约快递员早早送来了第 63 期《周报》，还是卷成紧紧的一筒，封得严严实实。很喜欢王妈这样的打包方式，便于携带，又多了一份神秘感和期待感——密封的报纸里面，有没有自己的名字呢？

看到报纸，为为露出贪婪的目光："张张，发报纸啊？"

"不发，今天才星期四，邓义礼的'诺贝尔专刊'都没发，正刊周五才发。"为为一脸失望地走下了讲台。

周五一早，为为又急匆匆地追问我什么时候发《周报》。我逗他说不发。他一脸不开心："好烦，你不是说星期五发《周报》吗？"

"是的，可是我没说星期五一早就发啊。""好——那——种——"为为极其不满，还一脸嫌弃地撇着嘴。我为孩子的天真扬起了嘴角。孩子啊，我就是要让你知道，来之不易的欢喜才会格外有分量。

请"小老鼠"写奖状。"小老鼠"是个调皮的女生，直接给为为出难题："我要把你的名字写得很丑。"为为不乐意了，找我告状，那语气、那表情，让我想到了一年级的小屁孩儿。面对来之不易的荣誉，那份在乎比我想象的更重。

早自习，颁奖、赠书。掌声里，为为自豪地走上讲台，笑眯眯地接过奖状，看了又看，就差亲上一口了。我又逗他玩儿："恭喜你，终于从小苗苗儿变成了大苗苗了！"同学们哈哈大笑，为为一脸恼火："我不是苗苗儿，早就不是苗苗了！"是的，为为在我的威逼利诱之下，变成了"大树"。

"这周不好好写作文，你依旧是我眼中的小苗苗儿。"我又开始新一轮的"威逼利诱"……

第三章　男孩心事

"班草"开始拔节

（一）

"班草"真的是班草。高高瘦瘦，白白净净，戴副眼镜，很文艺的样子。说他哪里帅，还真说不出来，反正五官搭在一起，就是很协调，很顺眼。他时常穿得很潮，怎么看都是响当当的一棵草。

班草是个慢性子。课堂作业，经常最后一个交，组长催了一次又一次；家庭作业，经常做到很晚，家长催了一次又一次；放学收拾书包，一般情况是最后收完的，朋友催了一次又一次；就是吃午餐，他也是留下来照看食堂的最佳人选。

班草和我不太亲近。交作业，羞答答的；迎面走过来，羞答答的；进办公室，依然羞答答，默不作声。我知道，羞答答的背后，是对我这个老师礼貌地回避。他对我，还没有足够的信任。

班草的名字，是他自己封的。他自己爆料，班里曾经有人喜欢他，从一年级到六年级。因为有人喜欢着，所以顾及自己的"高大形象"，不敢造次、不敢作死。因为何浚泓说他的羊毛衫有一股羊骚味儿，他恼羞成怒，到了快和人家绝交的地步，写了篇长文，求我发表在《周报》上，以证清白：

不知是谁放了一个"香水屁"，何浚泓闻见了，以为是我身上的味儿。口中狂念着："好臭啊，太臭了。"没有顾及正在他背后的我也就算了，竟一把夺过我手中的衣物，扔给女生们闻，说有好几个星期没洗了。我差点儿没哭出声来。他愣是想把我的形象给毁得死无全尸，再望望对面的女生们，都用异样的眼光瞟着我，一脸嫌弃的样子，凉凉……由此，我在女生的眼中也成了一个"邋遢大王"……

每个孩子，都希望自己在班级里找到存在感。看，为了维护自己"班草"的帅气形象，小杨真是拼尽了全力。"话说，这年头行走江湖，不刷本事，还可以刷脸啊！"我跟他开玩笑，小杨腼腆地冲着我笑。

（二）

"班草"的每日简评写得不好，基本上没超过一页。他写简评谈不上全力以赴，倒称得上马马虎虎。可是，他字迹工整，要挑他的毛病吧，好像还不够"水准"——每日简评，重在"简"啊！当初不是说每天三五行吗，我谨遵"医嘱"，您还挑上毛病了？真有点看不惯他，又"干不掉"他的味道。我只好无奈地给他的简评打上合格等级，偶尔建议："你还可以写得更好。"他才不会听出弦外之音，依旧保持自我。他的简评，一直在温饱线上徘徊。翻开简评本，比比皆是这样的素材：

美术课格外特殊，热闹非凡。刘柯和刘香为我们立下了汗马功劳。她俩声音洪亮有力，不但要说，还要做动作，一会儿手舞足蹈，一会儿眉飞色舞，一会儿眼睛睁大，一会儿变眯眯眼，表情非常丰富。

这简评是够"简"的，两个女生说了什么，不写，小组成员听了有什么反应，不写；老师如何对应，也不写。我就记个大概，当做备忘录。老师，请问您有意见吗？

今天是妹妹十岁的生日，我要去为她庆祝。乘着公交车在马路上飞驰，我的心情很爽，但不一会儿车停了，我大吃一惊，这么长的车队，正在缓缓前进着，最后我在桥头下了车，因为作业还没有做完。

这简评，真像三年级孩子的口水话作文。我不知道他想表达什么主题，是作业多？是失望？是堵车时的烦闷与无奈？

这还算好的，到了期末，他的每日简评又缩水了：

最近天气越来越冷了，不想起床，只想唱："好冷啊，我在东北玩泥巴。"不行了，太冷了，我烤火了，拜拜。

今天忙啊，电脑课没了，美术课没了，全是语文数学，作业多到爆，还要背书。累啊，今天真是忙啊。

这些敷衍的简评，字数基本一到两行，字迹也是惨不忍睹。实在忍不住，问他怎么回事。好家伙，他居然望着我似笑非笑："早上到校之后，偷偷跑到厕所赶的。"这笑容里，不知道包含了什么意思。我无语了。每日简评，不能一味要求字数，可是明显敷衍的，也不能任其发展。态度第一，你的"作文态度"里，藏着你的"写作能力"。能力有大小，老师理解，可是态度不端正，我肯定不会放过。我渴望得到一个时机，解决班草的"疑难问题"。

（三）

机会来了。

一年一度的运动会如期举行。我们班是年级体育强班，每次运动会，孩子们都特别期待，又特别团结，运动员在场上奋力奔跑，其他同学在旁边摇旗呐喊，我们一起面对胜利，也一起安慰失利的同学。每次运动会，抢到年级冠军，我们都特别兴奋，那是团队作战的"勋章"，也是十班凝聚力的见证。

赛程结束，回到教室，很多同学过来反映情况："张老师，饮料被人打开喝掉了。""张老师，我的抽屉被翻得乱七八糟。""张老师，张海鹏的面包被人偷吃了……"

我的脑子里，盘旋着一串大大的问号，是谁呢？什么时候干的？为什么这么干？孩子们义愤填膺又疑惑不解，我定了定神，招呼孩子们坐下。

教室里久久地沉默着，我静静地站在讲台上，环视教室，一圈、又一圈。我试图从跟孩子们对视的眼神里看出端倪。可，我失败了。六十个孩子，静静地看着我，不声不响，每一双眼睛都澄澈透亮……难道是邻班孩子？不会，直觉告诉我，邻班孩子没有这么大的胆子。

"运动会是我们的传统盛会，每一个孩子，都在为班级出力，可有的人，居然趁此机会偷偷溜到教室搞恶作剧，我相信你们只是一时冲动，等会儿主动到我办公室承认错误，张老师既往不咎，相信同学们也会原谅知错能改的你。如果不承认，我去调监控查看，到时候你的日子可能不会好过哈。"晓之以理、连哄带骗，希望事情水落石出。

中午，没有人来我办公室。看来只有放学去调取走廊上的监控了。我无奈地摇摇头。

"张老师，上午的时候，李浩然、刘鑫宇和杨骑志回教室拿水杯，他们好像很久才回到操场。"有人给我提供了线索。

这三个人，天天形影不离，经常在一起恶搞，会不会是他们呢？三个人的水杯同时遗忘在教室？我有些怀疑。拿水杯半天不回来，也有"作案"的时机。我决定跟他们周旋。

来到操场，几个孩子又在一起。我紧紧地盯着他们看了很久，看得他们直发怵。他们的眼神，开始回避、躲闪。看样子，快"破案"了。

放学，我再次提起此事，希望孩子们可以借助每日简评谈自己的想法，更欢迎提供线索。当然，做了错事的孩子，也可以通过每日简评主动认错，宽大处理。

果然，李浩然同学在我的进攻之下，心理防线崩溃，交代了"单身狗三人团"的"作死"经过：

单身狗三人团，表演完"脱衣舞秀"后，回到教室放置表演道具，猛然瞥见海鹏同志抽屉中的一叠面包……

小老头出了个馊主意："偷一片面包平分，不要畏惧！""这……"杨

××犹豫了。"反正开运动会，没人，畏惧个毛！"小老头怂恿道。"四下无人，赶紧动手！""不要畏惧！"我大喝一声，摸出一片当场平分。完成任务，赶紧离开事发现场，若无其事。

——李浩然《作死失足》

看着三个孩子在我面前低眉顺眼的样子，又好笑又好气，早知今日，何必当初！看到"班草"，我忍不住了："你一天不好好写简评，倒是有时间搞事情哈？"说到简评，我一下子来了灵感。嘿嘿——

"你们几个，自己说，怎么办？"

"写每日简评两页。"两个孩子先发制人。写简评，对他们来说小菜一碟，反正毛豆儿和小李都是写简评的高手。

只有"班草"一声不吭。他的简评一直在贫困线上挣扎，写简评也要命啊。

来个狠招："你们叫家长到学校来说明情况吧。"他们瞬间怂了。师命难违，他们无奈地点了点头，回到了教室。

其实，叫家长也只是当时说说，看看他们怎么对付我。跟这群孩子耗，要慢慢玩儿，才有意思。

果然不出所料，第二天，没家长来；第三天，家长依然没来；第四天，还是没来。我知道，这两个孩子是打算从我眼皮子底下"浑水摸鱼"了，"李白"的每日简评暴露了两个"坏小子"的"完美计划"：

这几天表现要"乖"，一定不能迟到，让"张灭霸"抓住把柄，一怒之下想起请家长的事情，俺就吃不了兜着走了；看见"张灭霸"要绕道走，多一次见面的机会就多一份风险，还要祈求同学们表现"乖"，不要因为什么事情，把我们请家长的事情牵连出来。

……

我不动声色，静观其变，看你们能沉得住气？一周过了，家长没来。第二周，我看着他们，不动声色甩出几个字："你们喊的家长呢？"两个孩子没辙了，硬着头皮坦白，家长打来电话，交流了一下，这事儿算是过了。"班草"呢？还是没喊家长，我也没有接到家长的电话。他写了一篇每日简评前来求情：

张张饶命啊

张张饶命啊，不要让我请家长吧。下次我一定会乖，全部听您的指挥，再也不捣乱、再也不打扰人家了。下半生我愿意为你做牛做马，只求您放我一条生路，我愿意接受任何的惩罚。我知道您最好了，相信我最后一次吧，我愿意多写每日简评。张张，求您了，放我一条生路吧。"张张，我可不可以不喊家长，愿意每天写一页每日简评。"

他在简评后面专门设置了留言处。哈哈，这算是"自投罗网"吗？

很多同学犯错后宁愿选择每日简评写两页，以示惩罚。写简评可以免去惩罚还可以凑足页数领到优先刊用卡，稳赚不赔。可，对于"班草"这样写简评不超过五行，甚至只写一行还是在厕所完成的"超级牛人"来说，真需要这样逼一逼他。我倒要看看，你能不能逃过我"如来佛"的手掌心。不过，每天两页简评，对他来说，难度偏大，不能操之过急。降低难度，还彰显了我的"宽宏大量"。"班草"像得到特赦似的，两眼放光。我们达成协议，他每天完成一页每日简评，坚持到期末，可以免去请家长惩罚。

（四）

"班草"开始了漫漫写作路。

起头，一个简评只能写三五行，他每天多写几个，凑满一页，以完成我们的约定；慢慢的，他能写到七八行了；后来渐渐变成了十来行。不知不觉中，他的简评能写满满当当一页了。每天的字数越写越多，越写越精彩，得星越来越高，"作死"日志写得有声有色：

……

放学了，我们单身狗三人团相约走向"作死基地"。买一包辣条，巨辣型的，一口闷，辣得头皮发麻、眼冒金星，一口气喝完一瓶水，还伸出长长的舌头，像条哈巴狗的样子，那滋味，叫一个"——酸——爽——"

……

文字带来的强烈的画面感，让我忍不住哈哈大笑。

"班草"开始期待每天下发稿件本的时间，这是一个好现象。不断刷新的简评成绩带给他成功的喜悦，他越写越有感觉，我抓住这难得的机会，推波助澜，在班上一次一次表扬他："小杨的简评越写越长了，以前两三排，写到现在快到一页了，这真是了不起的进步。"在我的激励之下，"班草"也迎来了自己写作的"春天"。随便一篇简评都有打动人心的地方。

得到表扬的"班草"，逐渐敞开心扉，把生活的千般滋味诉诸简评。渐渐地，我发现，"班草"的世界，也有烦恼。任何一个看似对学习毫不在意的孩子，其实都渴望变成人人羡慕的学霸。学习效果不佳，未必没有努力。他们不仅要面对考试的失败，面对家人的失望，还要忍受拼尽全力依然失败之后的沮丧。担心月考失败，他提前写好了《遗书》，吓得我一个激灵：

一月一度的月考来临了，我吓得睡不着……
我全神贯注地听每一道复习题，生怕漏掉一个字。

……

没有休息好，尽管是我最钟爱的语文，心还是提到了喉咙管儿，发挥失常，很多知识点忘了，前面都扣掉了十多分，精神受到了重创；数学考试更是一塌糊涂，好几道题没有做。经过数学的"洗礼"，我简直要疯了，天空变得灰沉，刺眼的阳光格外阴冷，没有半点光彩，我面无表情、目光呆滞，心中像插了一万把刀子。

文末，班草留言：此时此刻，我写下"遗书"，请张张打个"五星"。

我回复：不为遗书，为你的努力，张张慷慨赏你一个"五星"。我希望高星评价再加上文末的留言，能给孩子的心理带去一丝安慰。

孩子学习不尽如人意，家长不服、不满，总觉得孩子没有努力，他们缺乏陪伴的过程，却想要一个比较满意的结果。普遍焦虑背景下的教育，总有些急躁。于是，冲动产生了，孩子的委屈来了，抱怨也来了。

"小孩的世界是最没有安全感的"，这句话真的适合每一个孩子：

我永远记得那一天，我的书不见了，被狠狠地骂了一通，顶了一下嘴，爸爸便揪住我的衣领，把我重重地甩到沙发上，我哭了。还有一次，我们正在吃饭，奶奶说我上补习班不认真，妈妈走过来就是一巴掌，我直接丢下碗跑到房间锁上门。

……

在大人的眼中，我们的地位永远很低。口口声声说爱我，却不花时间来陪伴我，你们的一句话会使我痛苦一晚，你们却在隔壁直打呼噜。这也是我逐渐喜欢宠物的原因，我只是不想让自己变得太孤单。泪已干，心已寒，这世界对我们来说，依然那么黑暗……

每个孩子，都有老师看不到的另一面。微笑的背后，有无奈也有忧伤。成人和孩子无障碍沟通很难。很多时候，我们看似了解孩子，其实，只在他们的心门外徘徊。平时，"班草"总是腼腆地笑，总一副看淡世事的样子，貌似不争不抢，没心没肺没烦恼。原来，我是多么的自以为是！扪心自问：老师，你真的走进了每一个孩子的心里，了解他们真正的喜与悲吗？我拿起笔来告诉他：

孩子，每一个人的成长，爸爸妈妈都在关注，或许是爸爸妈妈有些心急，忽略了你的感受。学会原谅吧，他们也是第一次当父母，也会有错。像这样，把不满写出来，是不是轻松多了？有什么委屈，写下来吧，我愿做你忠实的听众。

接过简评本的"班草",看到了留言,他抬起头来,对我帅气地一笑,成了我眼里一道潇洒的风景。

(五)

"班草"似乎拔节了。

我怕他"一朝回到解放前",偶尔在文末留言:"记住我们的约定,每日简评写一页,不然的话,哼哼,你懂的……"那个长长的省略号,像阴险的奸笑。或许是因为我的逼迫,或许是真的怕请家长,也或许是找到了简评的乐趣,渐渐地,读他的简评,让我会心一笑的同时又会埋头思索,那篇《理科上的懦夫,情感上的懦夫》,让人忍俊不禁:

数学课上,我根本不敢直视老师的眼睛。我不是很优秀,总是成为拖平均分的那种。不会的题目,我也不敢问,每次给自己默默壮胆,可没有一次勇敢过,就这样一直懦弱下去。

本来喜欢×××多年了,可一直不敢表白,为的是不打扰到她的生活。不想,让班上的八卦神找到了乐子,本是为了保护她,却成了懦夫行为。平日里,我连和她说一句话都不好意思,和她对视一秒都没有勇气。写到这里,一种浓浓的悲伤糊在心头……

我告诉他:孩子,其实你不是懦夫,只是缺乏一丁点儿自信和勇气。不懂就去问吧,老师都喜欢主动学习的孩子。至于"喜欢",那是个需要时间去等待的话题,你的做法是对的。每一个"单身狗"的心里,都住着一个美丽的女孩或男孩,老师像你们这么大时候,也懵懂过、憧憬过、幻想过,甚至像你们说的那样,会在意、会失落、会"吃醋"……这不一样的感觉,这迷茫的感觉,叫"童年"、叫"成长"。

班里时常有关于"喜欢"的绯闻,我没有过多的干预。让这些绯闻,交给时光吧。一笑置之,就是给孩子的成长多一份坦然的接纳和尊重。

"班草"的倾诉,给予我思考。原来,每一个看似毫不在意的孩子,都有一颗渴望被关注的心。他们也向往过、努力过、挣扎过。他们经常被我们老师无情地忽视，忽视他们的努力与渴求。孩子童年的温暖，不能被我们随意偷走。只有真正关注孩子的内心，才能让他们的童年得到该有的温度。这，说起来容易，做起来，难！因为难，所以我需要格外努力。

不知不觉，在紧张的复习之中，小学的时光走到了尽头。孩子们毕业了，"班草"也毕业了。一天，他加了我的微信，那是我的生日。他发来信息：张张，以后的路我们不能陪着你一起走了，你一定要好好的，我们会回来看你，还会带上你喜欢的零食。那一刻，我隔着冷冷的手机屏幕，热泪盈眶。

"班草"升入中学，长高了，也更帅了。大有"班草"变"校草"的趋势。

那天，看着他在爸爸新开的农庄里系着围裙帮忙的样子，高高的，帅帅的。他的背后是一片绿绿的草地，夏日的清风里，我似乎听到了小草拔节的声响。

男孩也有心事

（一）

很小的时候，他就成了单亲家庭的孩子。爸爸妈妈分开，多由爷爷奶奶照顾。他一直比较沉默，课上不怎么举手，字迹不够漂亮，作业质量也有待提升，还有点喜欢哭鼻子。"有点爱哭的大男孩"，是他给我的初步印象。

四年级，他一下子变成了"明星守门员"。受另一名足球队员为为的引荐，他获得了参加球队集训的资格。那段时间，他简直"走火入魔"，地上很不起眼的小东西，都是他的训练专用器材——一只钢笔帽儿、一个矿泉水瓶盖，甚至是一枚小小的硬币，都会在他的脚下左冲右突；前进的路线，是典型的带球行进模式，连跟路队都是踢球模式的八字形。当兴趣的火花找到燃点，内心的热血就沸腾了。一直以来的努力得到了回报——他终于成了学校足球队的守门员。在一次又一次"战争"中屡建奇功，成了体育老师的爱宠。

他是小代。

六年级的小代特别不安分。自习课说话、课间追逐打闹，挑逗班级里一个微胖的女生。他跟崔泓宇、程昨羲、陈可为结盟，合称班级"四大金刚"。他们整天搞事情，制造班级绯闻、篡改歌词恶搞女同学，课间在走廊上、厕所疯跑，上演"飞檐走壁"的绝技，挑战数学老师的底线，套过狗、参与过"肉夹馍"，也被我狠狠地罚过：

"肉夹馍"传奇

程昨羲

"拿命来，代小人！"我化身为身手敏捷的"韩信"，纵身一跳，就飞到了代恩玖的背后，准备来个突袭。我一记"马尾旋风"，将代恩玖弹飞到讲台。他见情况不妙，溜之大吉。哼！想跑！我一下子定点教室前门，快速飞过去，堵住他的去处，他无路可逃。"该我上场表演了。"我一屁股坐在了代小贱人的身上，崔泓宇又跑过来"凑热闹"。

……

我抬起头，发现了"加油助威"的张张，（宝宝心里苦，说不出来啊）"张大妈"二话不说，我们被——逼——无——奈，"滚"到了办公室。

"张大妈"干咳两声："你们再给我演示一下刚才的动作，叠在上面的在最下面垫底……"

崔泓宇一副可怜巴巴的样子，躺在了最底下，我又压在了崔泓宇的上面，代恩玖在最上面，就他最舒服。

我们仨儿成为了"肉夹馍传奇"。

几个孩子老不安分，搞得大家鸡犬不宁。我晓之以理、动之以情，他们悔不当初、涛声依旧；我严加防范、威逼利诱，他们撒娇卖萌、诚恳就范。屡屡"作恶"后，知道要糟，又来办公室"负荆请罪"，令人哭笑不得。"四大金刚"搅和在一起，大错不犯小错不断。我戏言："你们几个是有福同享有难同当吗？"几个猴子嬉皮笑脸地冲着我点头，真是让人又爱又恨。

"四大金刚"也互相"挖坑"给对方跳。这不，程昨羲又上演了一出飞檐走壁的好戏：在走廊上飞速助跑一段距离，借助惯性快速冲上墙壁跑几步后下落。走廊飞奔就不对了，还敢上墙！他胆子不小，运气"挺好"，被"张灭霸"抓个现行，当然免不了"皮肉之苦"了。他死不悔改，对侥幸"逃过一劫"的小代心存怨恨，给自己"兄弟"挖了个坑——怂恿小代也来一次飞檐走壁，然后在每日简评中告发其"恶行"。这招"坑友方式"，计划得天衣无缝，小代成功入套。我把小代叫到面前，指着程昨羲的每日简评请他过目。这下，小代后悔莫及、有苦难言，一脸被"出卖"的委屈和不甘，只好拿起笔来，在每日简评中向我诉苦：

张张，我发现每日简评就是个背后捅人刀子的利器，建议不准告状。这"每日简评"干脆叫"每日揭发"算了。

哈哈，写出心得来了。不过，"每日简评"确实能够更加真实地反映班级状况，给我的班级管理提供第一手资料。

（二）

小代的心里藏着事。一次《周报》讲评课证实了我的猜想。

眼前又浮现出《周报》讲评课上小代那双含泪的眼睛。第24期《周报》，他的《爸爸，我想对你说》，写得情真意切。文字里，他诉说了自己对爸爸的恐惧，字里行间刻画了这样一位爸爸：

每一次讲题，被我的智商气到爆，就会来掐我脸，扯我耳朵。偶尔顶一下嘴，还会用脚来踹我。每当做完作业，我一出来，您就停止看手机，用恶狠狠的眼神目不转睛地盯我……我只能快速走向厕所，用洗漱的借口来躲避您。

这些都不说了，可连吃个饭也让我心惊肉跳。

我刚坐下来，吃了一小口，您就让我先吃这个吃那个，我碗里的还没吃完，说："等我吃完碗里的来。"正当我才开始嚼菜时，你不说话，也不吭声，一个饭桌死一般的寂静。

"真话意识"深入人心之后，遇到烦心事，他们以"简评"为出口，不吐不快。我越来越真切地了解了孩子成长过程中的"小心翼翼"。"童年最有安全感"，真的是最大的欺骗。看到小代含泪的哭诉，我果断评选这篇文章为佳作。

讲评课上，我照例出示佳句欣赏。当读到小代的佳句时，那个平日嘻嘻哈哈调皮捣蛋的小代，脸上挂着两行眼泪，擦干了，又淌下来。我有些不敢看孩子含泪的眼睛；同学们也不忍心了，建议不要读这句了。看着大家诚恳的目光，看看小代含泪的脸庞，我艰难地上完了那节讲评课。孩子们的理解与善意，让我心生欣慰。

当天的"简评"，小代又写了此事，文末，他说：

"张老师，可能同学们认为我小题大做，我是真的真的有这样的感受，只是你们不懂。"

他用两个"真的"强调自己的感受，生怕自己的行为为人不解。

我回复他：孩子，你的委屈、你的难过，我都懂！

文字，让我对这个小男孩儿多了几分理解，多了几分怜爱。一两句留言，力量有限，但我愿意为此付出哪怕一点点的努力。

小代并没有多少改变，他依然是个"事精"。追逐打闹、篡改歌词、挑逗女生。说了好多次，都无动于衷。一天，我忍无可忍，请他进了办公室，一顿批评之后他一言不发。我有些不忍，逗他："你是缺爱，还是缺钙啊？好像一天不惹点事情出来，你就不安生。"小代低下了头。第47期《周报》上，小代的文章，让我对他又多了几分理解和心疼：

轻诺，必寡信！

妈妈说带我去玩，却用一句"公司搞活动"带过。我的心，如刀割一般。我质问她，她回答："下周我向公司请假，一定来陪你。"看似不经意的一句话，让我带着甜美的愿望祈祷着……

快到约定时间了。我早早地做完作业，满怀期待地给妈妈打电话，可我的梦想又一次破灭了。

"公司让我去成都，不能陪你去玩了。"这话如无尽的黑暗，让我迷茫徘徊；如一道裂缝，逼我坠入万丈深崖；如一片阴影，给我幼小的心灵蒙上一层黑纱。

张老师，那次你问我"是缺爱还是缺钙"，我不是不想说，而是不敢告诉你，我怕自己说了，你又会忍不住给我一个拥抱……

拿着电话，呆了许久……我走向电脑。游戏让我不孤独，也许，我的归宿就在游戏里吧。

读着读着，我仿佛看见那个大个子男孩儿，扔下电话，呆呆地站在原地，过了好久，才垂下头来，一步一步，走向电脑。那一刻，他的脸上写满了沮丧……

心酸酸的。这个离异家庭的孩子，看似大大咧咧，没心没肺，实则敏感细腻，心事重重。原来，看似"躁动"的灵魂，需要温情来抚慰。

我忍不住把这篇文章分享给了她的妈妈，小代妈妈表示很无奈，知道自己亏欠孩子太多。每一个家庭，都有难以言说的不易，我理解。作为老师，我深深明白，孩子最需要的，真的是高质量的陪伴。我真心希望，每一个孩子的童年，除了玩具、零食，还有父母常伴的笑脸。

每一个孩子的成长都不容易。

只希望，那个"四大金刚"之一的小代，真的能练就金刚不坏之身，在受到委屈和挫折的时候，能够像在足球场上一样，把一个又一个飞向球门的"不明危险物"，拒之门外。哪怕跌倒，也坚强地爬起来，勇敢地面对前方。

（三）

时间，依旧不紧不慢。小代依然是那个"事精"，是"四大金刚"之一，依然搞些恶作剧。我知道，这孩子，太缺少关爱了。恶作剧，或许是他潜意识里的"求助"。我依然常去"灭火"。一次一次"交锋"，我差不多习惯了这样的模式。那天的简评，我又看到了小代的不易：

……

我很不服气，不是说带我去吃麦当劳吗？昨天推今天，今天推明天。我一脸不高兴。妈妈看见了，开口骂我："你这个××猴儿，死不听话，哪家的娃儿像你这样哦？"我的眼泪一个劲儿地向下掉。

来到学校，姚睿说："张老师告诉我们你缺爱。"我一想到这句话就想哭。不是因为别的，而是因为最懂我的人，不是父母，而是你——张老师。

想不到，仅仅因为我的理解，孩子便轻易被感动。这也让我明白，最好的关爱，是懂得，因为懂得，才会理解。同时，我的心里，也酸酸的，在陪伴孩子成长的过程中，我们的父母，总是多了一些自以为是的正确，总喜欢在没有跟孩子商量的情况下，擅自决定。"尊重孩子"，说起来容易，做起来，难！

我在文末留言："孩子，拥抱一下。不过换个角度想想，至少能和爸爸妈妈一起吃顿饭，也挺好的。"

从小代的文字中，我留意到小代爸爸和妈妈经常因为孩子相聚。骨子里的八卦因子一下子冒出来。我问小代爸爸妈妈是否有机会复合。他却不希望父母复合。这回答出乎意料。照理说，每个孩子都希望爸爸妈妈在一起的。

我问原因，他说："妈妈告诉我原因了，说来话长，目前这种状况，我认为是最好的。"

我表示不明白他的心思。

孩子回答："其实我比一般人都成熟。"

"没见你在学校有多成熟啊，尽搞事情。"我趁机逮住他的小辫子。

"那是因为我在家里很紧张，小心翼翼的。"他袒露心声。后来，他又一次在自己的简评里，诉说了一个"成熟"男孩儿的无奈：

我在学校那么吊儿郎当，其实是不想让同学们看见另一个悲伤的

95

自己。

　　做男人其实很累，我还这么小，你们就逼迫我学会一个人坚强。你们工作不顺心朝我发泄，不准我顶嘴，说我不孝顺。我真的太累了，家里人的逼迫，让我觉得在学校犯傻是快乐的，写检查念给大家听是快乐的，考试考差了同桌笑话是快乐的，和陈可为在一起的每时每刻都是快乐的。我的家，不在"金城源山"，也不在沙龙路，而是"电报路小学六年级十班"这个大家庭。

　　"家"这个东西，到底是什么概念，我真的捉摸不透了。反正就是一个让你无时无刻不在想念，却永远也无法到达的地方吧。

　　文章最后一句话，深深地触动了我。这句看似哲理的言语背后，透着一个男孩几多无奈、几多期待。

（四）

　　他缺少爱，渴望爱。我要在他的身上多花一点心思。

　　一早到学校，坐在电脑前修改文章分享到班级群。又是周三，要编辑《周报》。坐到电脑前便停不下来，居然忘记吃早餐。我问谁愿意帮忙买面包，很多"屁精"举手，我选择了小代。萌娃小邓和暖男小屁跑过来求情："张张，让我去买吧，我知道你喜欢喝蒙牛的酸奶，喜欢吃偏甜一点的面包。"还真对。不过，我告诉他俩，小代需要被人关注，让他帮我做事情，其实是另一种形式的关注。两个孩子懂事地走开了。看他奔跑着下楼，又气喘吁吁地回到办公室，笑眯眯地递过来一份温热的面包，我冲着他微微一笑。

　　区里举办小学生校园足球比赛，在炙热的六月。那天下午，我专门跑去观看了一场比赛，因为小代是守门员。我要在毕业之前一睹他的风采，亲自观战，是我对孩子最好的鼓励。下午的阳光很猛，球门前的小代在教练的指挥下不停地练习，扑球、抱球、左摔、右倒、鱼跃、翻滚，他聚精会神、汗流浃背。我很欣慰、很自豪，也很感动。比赛的哨声响起了，对方的火力很猛，不断在门前制造险情，小代不断移动双腿，死死盯着球的来去，我明显感到他的紧张，其实我比他更紧张。就在眨眼之间，防守出现了漏洞，小代的扑救也无力回天。对方进了一球。我更紧张了！后面，小代背上了思想包袱，表现不尽如人意，受到了教练的严厉批评。他一脸沮丧。走出体育场，我想安慰安慰他，请队员们吃雪糕，小代坐在大巴车最后一排的角落，塞上了耳机，默默地流泪。我有些自责，要是自己没有去，说不定他的状态会好一些。小代太想在我的面前表现实力了，越想好好表现，越是发挥失常。

六点了，办公室里静悄悄的，落日的余晖透过窗棂，洒在我的办公桌上。走廊里响起了轻快活泼的脚步声。几个踢球的孩子归来，又到办公室"蹭吃蹭喝"。当然有为为、小代和腼腆的桃子。我正"加餐"，没人洗碗。小代成了跑腿最佳人选。可这孩子，居然跟我皮上了，问我要"报酬"。我马上把碗交给了一旁的桃子。他赶紧去抢，已经失去机会。桃子洗好碗，交到我手上。考虑到他很久没上报，赐一张才运卡作为奖励。小代那个追悔莫及的样子，让人忍俊不禁。其实我知道，他仅仅是想跟我撒娇而已。收拾好书包，两人又来到办公室"联络感情"。我叫住他："看在你这几天表现不错的份上，奖励一张才运卡。"小代，面露喜色，接过才运卡，笑着闹着跑开了。

看着他远去的背影，真希望，以后的日子，有人能够读懂他恶搞背后的心事。

（五）

转眼之间就毕业了。一天，微信响起，是小邓发来的，他们在学校对面，要来看我。一行四人中，有高高的小代。他们笑眯眯地来到办公室，跟我亲切地聊天，开玩笑。快到午餐时间，我们并肩向餐厅走去。

小代说:"还是我们几个最有孝心。"
我问为什么。
"知道回来看'妈'!"
这话很肉麻,又让我很感动……

看见一地月光

（一）

他对文字有着天生的感觉。小小年纪写出的文章，总比其他孩子有灵气。三年级，班上举行了一次冬至包饺子的活动，他的文章《浓浓饺子香》发表在《三峡都市报》。

第一次发表，是榜样，要举行隆重的"庆功宴"。

"同学们，我们班有同学在正规刊物上发表作文了！这可是班里第一位上报的同学。真是咱们班的小作家。知道他是谁吗？"

"李浩然——"在大家的呼声中，小李的脸上开出了一朵美丽的花儿。

"掌声欢迎李浩然上台领奖！"

在一片热烈的掌声里，我双手捧起稿费单，郑重地交到他的手里。发稿费单，拍照留影，上传至班级群。家长群里，大家纷纷发来贺电，小李妈妈谦虚地回应着大家。放学时，很多家长看到小家伙，纷纷称赞："这就是李浩然啊？作文写得真好。要是我家孩子也这样就好了！"在同学羡慕的眼神里，在家长的连连称赞中，小李找到了写作带来的荣誉感和尊严感，每次写作，他都特别用心。渐渐地，他成了同学眼中那个"别人家的孩子"。连写儿童诗，也给你意想不到的惊喜，像个小诗人：

思　念

毕业的时候

把同学灿烂的笑脸

"咔嚓"装进相机

尘封　在我心底

思时　翻一翻

念时　翻一翻

那段挥之不去的思念

让我想起

荏苒年华中

有你

小家伙还会填词：

天净沙·孩童

湖畔顽童麦哨，雏鸟歌唱树梢。草坪嬉戏打闹，夕阳正好，玩兴浓，咧嘴笑。

在一次儿童诗的分享课上，我表扬他："怪不得叫李浩然，原来是李白和孟浩然的合体呀！"同学们大笑，从那以后，小男生有了自己响当当的江湖名号——"李白"！

"李白"很有才。他喜欢画画，特别擅长画人物，他的人像画细致生动，让我羡慕嫉妒没有恨；他喜欢看书，三年级时通读沈石溪，动作描写惟妙惟肖，颇有点老沈的味道；他会朗诵，在区故事大王比赛中，获得金奖；说到"李白"，同学们眼里一脸的崇拜。那段时间，"李白"的屁股后面总跟着一条小尾巴，他是孙昱哲，一个小小的、瘦瘦的、默默的男孩儿。小孙在妈妈面前表达心声：我要是有李浩然那么优秀该多好啊。

"李白"也有死穴——不会武。五年级布置一分钟跳绳作业，他创造了班级吉尼斯最低纪录——每分钟36个，这是个一直被模仿从未被超越的成绩。运动会上，跑不快、跳不高的他，捧着本课外书坐在旁边尽心尽力扮演吃瓜群众，或是抱着零食狂吃；以至于后来，他总是心安理得、理所当然、优哉游哉地享受那几天美好的打酱油时光：

运动会对我来说就是零食会。不用参加比赛，没有作业，可以悠闲地看书，尽情地狂吃狂喝。当个吃瓜群众，挺好。

（二）

有段时间，"李白"很躁动。做作业，他无端地给别人本子上画上"三道杠"，或者偷偷藏了人家的本子；同学不小心碰到了他的文具盒、不留神挨到了他的手臂，就破口大骂。他像一只喜怒无常的刺猬，一碰就炸毛。我猜，这是隔代教育的弊病吧，几代单传的独苗儿，可能有点娇气。

一次，"李白"在课堂上明显走神，懒洋洋地趴在桌子上，眼神游离到了外太空。我一股火气直往上冒，恶狠狠地批评了他："亏得你妈妈那么用心培养你，你就是这样回报妈妈的？"他刚刚回过神来，明亮的眼睛一下子又变得暗淡无光。看到小家伙不对劲的表情，我意识到，浮躁的孩子背后，似乎有什么隐情。我为课堂上的简单粗暴深感不安。

思来想去，我拨通了小李妈妈的电话。才知道，他们家庭出变故已经半年之久了。爸爸和朋友合伙投资，不想误入圈套，血本无归，甚至卖掉了房产和汽车。本来衣食无忧、生活富足的一家子，瞬间掉入了生活的黑洞。一家人无所适从，爷爷奶奶经不起大变故，常常发出无休止的唠叨抱怨，爸爸一蹶不振破罐破摔，之前温馨幸福的家庭弥漫着经久不散的硝烟。妈妈一个人默默忍受，苦苦承担，在艰难的时光里挣扎着前行。这一切，在幼小而敏感的"李白"心里，留下了多大的矛盾、痛苦、彷徨和无助。我们局外人，无法估计。

放学后，我把他请进了办公室。我向他诚恳地道歉。他，疑惑地抬起头来，偷偷打量着我的眼睛，似乎在怀疑道歉的真实性。良久，他哭了。也许是太需要一个发泄的出口，他哭了很久，哭得很真实，也很任性。等他渐渐平复了情绪，我除了鼓励他，给他拥抱，也说不出什么更多的话语来安慰他。我告诉他，如果觉得很难过，只要你愿意，可以随时来找张老师。他点了点头。在夕阳里，他走出了办公室，感觉脚步轻了不少，我也长长地舒了一口气。

孩子的心，总是那样纯净。对他的关注和引导，本是我应该做的，可是这份浅浅的关爱，他深深地记在了心上。去年教师节，"李白"写了一封信，那是送给我的最用心的礼物：

张老师，我最感谢的，是您将我从"水深火热"的深渊中解救出来。那段时间，家里三天两头的"硝烟"呛得我喘不过气来，内心的恐惧和无助让我不知所措，成绩也一落千丈。上课，我又走神了，您当众批评我："你这么不努力，亏你妈妈辛辛苦苦培养你！"当时，我痛苦，我失落，甚至有些怨恨您。中午，您叫我到办公室。"我问过你妈妈了，才知道家里发生了变故，对不起，是我没有搞清楚状况，老师也需要被原谅，你可以原谅我吗？"顿时，泪水如决堤的洪水，一发不可收拾。我将窝在肚子里很久的委屈、痛苦和无助倾吐而出。您不住地安慰我："生活是一面镜子，你对它笑，它也会对你笑，挫折和困难会练就一个更强大的你，老师相信你！"您拥抱着我，让我感到无比的温暖。见我还在伤心，您又逗我了："老师相信，你们现在所失去的，都会通过自己的努力找回来。以后你买了车，见到路边那个满脸污垢，浑身脏兮兮的要饭老太婆，不要说就是你的小学语文老师噢。"我瞬间破涕为笑。从那以后我发奋图强努力学习，因为只有这样才不辜负您对我的期望。

看到这封信，我像飞到了幸福的云端。

又迎来新学期的运动会。拔河是我们班的传统弱项，孩子们屡战屡败、屡败屡战。每到选人的时候，都高高举起小手，让我犯难。小李之前从来没有尝到过拔河的滋味，身板，太瘦；个头，太小。只能打打酱油，在旁边吆喝吆喝，过过嘴巴瘾。这次，我动了恻隐之心，让他去吧，让他感受到老师的关爱，甚至是"偏心"，也是一种前行的力量。我笑眯眯地叫了他的名字，小李有一种幸福来得太突然的不敢置信：

运动会，我一向是打酱油的。又到了拔河比赛，看着争先恐后举起的手，我知道，自己是没希望的。我无趣地坐在树下，看着张老师在人群中对比、寻找。一个，两个……那些膘肥体壮的都选得差不多了。张老师只好退而求其次，来个差中选优。我那原本已经死掉的心，又蠢蠢欲动。可是，我依然没有加入到队伍中，我知道自己没戏。拔河比赛从来没有我的资格，罢了，罢了。

忽然，张老师转过头来，冲着树下的我大声喊："李浩然——"什么？我？真的吗？我惊愕地看着张老师，她朝我招招手。天，那一刻，张老师的笑容，那么美。

那以后，他变了，不再颓废，情绪也平静了不少。小李妈妈一次一次向我道谢，说我的话语有神奇的魔力，以前自己怎么劝，他都听不进去，现在一改以往的颓废，变得精神振作。她说："张老师，您真是孩子的恩人，我都不知道怎么来感谢你。"其实，拉孩子一把，是老师的责任。

学期结束，在小李的素质报告册上，我再一次写下那段话："生活是一面镜子，你对他笑，他也会对着你笑。困难和磨难，是强者的垫脚石，踩到它们的上面，你会站得更高，看得更远。"我希望用文字的力量，激励孩子，继续乐观面对生活中的不容易。

（三）

"李白"是才子，走到哪儿都自带光环。当然也引来了不少同学的关注。孩子进入青春期，内心里总会涌起一些难以言说的情感。他们称之为"喜欢"。

才子多情，"李白"也是。据传，他喜欢班里公认的"班花儿"。班花很漂亮，高挑的身材，白皙的鹅蛋脸，圆圆亮亮的眼睛含着水灵灵的笑意。"李白"喜欢她，也算是有眼光。据秘报，"李白"还采取了行动——偷偷地往班花儿抽屉里塞一块钱。哈哈，不用想，结果肯定是吃了闭门羹。这"李白",表白没有成功,反倒闹得绯闻满天飞。这件事几乎成了班级的"焦点事件"。

我思前想后,还是决定找"李白"谈谈。那天,我又把他请进了办公室。

"听说你喜欢班花呀?"我单刀直入。

他笑了,笑得很尴尬,尴尬中包含着几丝害怕。小家伙在观察我呢。我问他喜欢人家什么,他又尴尬地笑笑,继续保持沉默。

"鲜花插在牛粪上,你听说过吗?"他点点头,有点不高兴,聪明的小李知道,这句话明显贬低自己是牛粪呀。

"如果这堆牛粪足够肥沃,就能把鲜花养得更加娇嫩美艳,你懂不?我希望你成为那堆最肥最沃的牛粪。""李白"实在没忍住,笑了。

才子,当然也收获了别人的芳心,一篇《为情所困》,写出了少年的烦恼:

短短几分钟就有N人加我。好奇心逼着我不由自主点了"同意"。

"谁?"我开门见山。

"你喜欢×××吗?"对方答非所问。

"问这个干吗?你到底是谁?"

"我,我是×××闺蜜,你喜欢她吗?"

"No!"我斩钉截铁。

"那可惜了。你知道吗?她喜欢你。"

啊?惊愕、疑惑一下子灌满了胸膛,回忆她在学校的种种迹象,的确、也许、可能……

辩论会上,手机被向玉婷拿去,以删除垃圾为名,行偷窥微信之实。这下,她发现了这个惊天大秘密,遭了。

不出所料,我的光辉情史被袁雨涵大肆宣传,不想被妈妈无意截获,呵呵,这下,我会死得很难看……

哎，我是——为情所困了。

至今，我也不知道小李文中的"她"是谁，小孩子的世界，多一点理解和宽容，少一点猜疑和防备更好。因为，儿童的本性是善良的。针对这样的"为情所困"，小李妈妈也没有过度紧张。她理性又宽容地引导了小李。一直以来，家长朋友对于孩子的真话作文、气话作文、情话作文，都给予了足够的宽容。他们没有因为孩子的个性表达，怀疑我们的班风，怀疑老师的引导，怀疑孩子的德行。这，使孩子的写作热情持续高涨，也是我们的《周报》活动如火如荼开展的原因。借此，表达对家长最真诚的感谢。

（四）

转眼到了六年级下期。"李白"的行为又有些反常。操场疯狂奔跑20圈，私下跑到教学楼隐蔽处作恶，教室里面也不消停，音乐课迟到，数学课说话，悄悄溜进学校附近的小区，挑逗保安……他们"单身狗三人团"作死不断、恶搞不停：

站住，小崽儿……心头一惊，慌忙逃窜，跑出好大一截之后，身后响起了熟悉的笑声。一看，小老头竟也浑水摸鱼，溜了出来，我们仰天长啸……

回忆着刚才的经典一幕，殊不知，一个保安朝我们冲来。快跑……

——《花式躲门卫》

中午，我与小老头又上了天台，小老头突发异想："在这儿撒尿怎么样？"我脑子一抽风竟然照办了。干完这件龌龊事后，立马返程。殊不知，一出门，就碰到了雷！主！任！

……

——《天台风波》

孩子最近很不对劲，是不是家里又出了什么问题？两年前的家庭变故

105

到底如何了,我不便多问。可是最近,小李如此反常的表现,让我不得不往不好的方面去胡乱猜测。小李的文字,又一次解开了我心中的疑惑。原来,因为一场聚会,他回到了曾经住过的小区,看到了自己那个不得不被卖掉的"家",睹物思情,小李想到了那段伤痛的过去,又掉到了情绪的低谷。文字很美,也有些伤感:

一地月光

皓月当空。我独自坐在天台,楼下正举行着一场无趣的聚会。远方是长江,高楼的倒影映在水中,一片朦胧。

聚会结束,各奔西东。我却朝着小区更深处踽踽独行。夜色越发的浓,前行的脚步越发匆匆。

突然,像是受到了什么阻碍,我停了下来——前方曾是我温馨的家!踌躇片刻,我又踏上那条熟悉的小径。路边黄葛树的枯叶历经一个寒冬的洗礼未曾飘落,却在春暖花开的季节渐行渐落,花园的杜鹃花飘过一丝淡淡的芬芳。

到了门前那盏熟悉的路灯下,我又开始踟蹰。玻璃房巨大的水晶吊灯一闪一闪发出温暖的光,牵引着我的双腿,那熟悉又陌生的房屋一点一点地出现,那段自以为已经被遗忘的回忆又渐渐浮现,一幕幕往事重现如一把铁锤抨击着我的心脏。我迷茫,我惆怅,不知是该离去还是守候。

突然,我记起了那棵橡树。从前,我常打骂它呢,如今也该道声抱歉了吧。依着记忆来到栅栏边,却不见它的踪影。三年了,总是有些许改变吧,我苦笑。转头,竟看见了我曾经的卧室,走近了些,一切并没有变,依旧是三年前的模样,天蓝的窗帘,乳白的家具,我心爱的圆球吊灯……我又陷入了回忆……忽然,一个陌生的身影出现在那房间中,灯,熄灭了……

我一下从回忆中挣脱出来,飞快地走离——在这儿,我经历过痛苦与绝望，变得阴郁而堕落，从幸福的云端跌落到了痛苦的谷底。我为什么还要停留？这儿根本不值得我留恋！

　　踏入另一条小径，旁边有几棵橡树，清冽的月光透过树缝洒在石板路上，很美很好。不知什么时候，眼睛已蒙上了一层泪光，月光将我的影子拉得很长很长……

　　读着读着，泪眼婆娑之中，我仿佛看到皎白的月光下，徘徊着一个小男孩。他，低着头，默默地，一步一步地，走向小径的远方……忽然，他抬起头来，仰望着天空的月亮。皎洁的月光，洒在他稚嫩而坚毅的脸庞……

打开你的心门

（一）

小艺是个让人费脑的孩子。看似淡定的外表，包裹着一颗关上了门的心，敏感而又倔强。

接手这个班，之前的班主任提醒我："对他，要小心点儿，凡事能抹就抹，不要给自己找麻烦。"我也谨记"前任"的嘱托，小心翼翼跟他"过招儿"，尽量不"惹火上身"。可是，教师的职业不允许我轻易"放过"每一个孩子，我默默地关注他的一举一动，渐渐摸清了他的"套路"。

他在学校基本不说话，课堂上不说，课间也不说；老师问不说，学生问也不说。如果同学无意冒犯，总会引来一番争执。一不留神，他要么大发脾气；要么犟着脖子拧着头，翻着白眼儿，老师怎么问都不回答；要么哭得上气不接下气，怎么劝说安慰都不奏效。担心他走极端，犯错了，我小心翼翼说服、劝解、教育，生怕一不留神伤害了他敏感的小心心，导致一些意想不到的后果。

每周升旗仪式上，学校会安排一个班进行"经典诵读"展示。马上轮到我们班了，为挤出时间排练，我规定孩子八点到校。八点十五分，迟迟不见他的影子。我有些急，是起床晚了？是早餐没做好？还是生病了？怎么也不请假？忍不住打电话问家长，他们说早就走了。孩子就住在学校对面，这么长时间，就是一只蚂蚁也爬到学校了，他去哪里了呢？他的性格孤僻而倔强，要出什么事，该如何收场？

我焦急地跑向校门口寻人。还没走到门口，我就看见他了。这家伙怯怯地躲在一根柱子后面，喊他出来，他半天不动。走近了，看他睁着不大的眼睛，露出大部分眼白，斜瞟着你。那眼神，带着倔强与不恭，又极力掩饰着做贼心虚般的惧怕。我弯下身子轻言细语："怎么迟到了？"他低着头不搭理我。"没事，走，跟我去排练。"说着，我拉着他的手就往班级走。可他，钉在原地一动不动。我忍住性子慢慢问，他始终不回答。我慢慢猜，他沉默着摇头。这孩子，真是要急死我了。我一再提醒自己，不能急，不能急。可无处发泄的怒火，快要把我憋出内伤。问了好久才知道，他把诵读的道具——快板搞丢了，担心挨批评，不敢来。问他快板去哪里了，他紧抿着嘴巴一言不发；请他想一想是不是遗漏在家里什么角落了，他依然摇头。又问他为什么躲起来，还是一言不发。实在没辙，温言软语哄半天，他终于回到队伍中，一脸的不高兴。

午自习，小艺和后面的同学打闹，被我抓了个现行。我罚两个同学抄写生字。一个孩子二话不说拿起铅笔，抓紧时间完成任务。他呢？一句话不说，怒气冲冲，撕掉本子嚎啕大哭，与安静的午自习格格不入。同桌好心劝他，他手一挥，伸长脖子、怒目圆睁，吓得同桌大气也不敢出。他完全控制不住自己的情绪，一边哭一边咳嗽，上气不接下气，真担心一不小心就窒息。也曾经喊家长到学校，可很多时候，家长问他，也一声不吭。

通过很长时间的了解，我发现，孩子的性格与家庭有紧密的联系。

母亲是个比较强势的人，对孩子的要求过于严格，甚至有些苛刻。孩子的衣服不知道什么时候破了，问不出所以然来，一顿揍；孩子在家里调皮，拖鞋碰到了客厅的灯具，也挨了一顿打。父亲和母亲的关系紧张，外公性格古怪而又倔强。孩子渐渐关闭了心门，外面的进不去，他躲在里面，也出不来。

我厚着脸皮多次跟他"套近乎"。开玩笑，爱答不理的；攀攀他的肩，全身肌肉立马进入"戒备"状态。我依然不屈不挠地坚持着跟他"攀关系"，从二年级到五年级，我们只能算"不冷不热"的"朋友"。我拼尽全力，他爱理不理。

（二）

《周报》活动开启之后，他跟着大家的节奏写了每日简评和每周一稿。起初是短短的三四排，内容也不痛不痒。不过随着真话意识的落地生根，他的文章有了变化，一篇《文具盒的尴尬》发表在《周报》上，让人眼前一亮：

……

第二天，一来到学校，空气里都充满紧张，像无数双眼睛，直勾勾地瞄着我遮遮掩掩的丑东西。同桌刘婷婷，偏在我拿出文具盒的那刻盯上了："你怎么用这种文具盒，太逗了吧！"我既无奈又尴尬。谁想呢……刘婷婷又大笑了起来，我怒火冲天："哼，不就是文具盒吗？明天把它换了便是！小女人！"她以这个惊天的秘密为筹码威胁我："如果你以后再惹我，别说我手下不留情，还要写每日简评！""什么，每日简评？求你不要写，不要说，我顺着你，好不好？"刘婷婷抓住我的痛处，让我万般无奈又不得不忍气吞声过了一天。

……

此文评为当期佳作，《周报》讲评课上，小艺的名字屡屡出现在大屏幕上。对他来说，这简直是意外的惊喜。很少得到表扬的他，不仅上报了，能跟"李白""小老鼠""非洲黑妹儿"这些"文坛巨星"齐名，那是多么大的荣誉啊！那次，终于看到了他一向淡定的脸上出现了掩藏不住的波澜。

此后，小艺对上报多了激情与期待：

稿件本发下来了，我已经"烧过香"了，各路神仙只等施展法力！我一页一页地翻动，"咚咚——""咚咚咚——"，那是我剧烈的心跳声。啊，一个红章出现在我眼前，耶耶耶，我竟然靠自己的力量夺得了这枚宝贵的红章。

只差"拼手速"了，本想放学之后在妈妈车上用手机输入，可她不等我，还得坐公交车回家。这得耽误多少时间啊，上《周报》恐怕是遥遥无期了。看微信群，居然还有一个机会，我以最快的速度把文章发了过去。老天保佑，张张开恩。

因为期待，所以努力。因为努力，所以越写越好。小艺的简评越来越认真，稿件越写越好，初选录用之后交上来的本子，满篇红色，我不忍心拒绝。他很快评上了"作文新苗"。走上领奖台的那一刻，小艺小小的眼睛里，流露着难掩的惊喜。作文带来的尊严感，让他在班级里找到了存在的价值。他的性格也在悄悄地发生着变化……

学生的作文里，小艺开始成为主角，一会儿跟同桌闹别扭，一会儿跟后面的说笑，一会儿放个"五香麻辣屁"，他的后桌"刘小屁"给他取了个搞笑的名字"宁小妹"，他也欣然接受。课后看到他，也不像以前那样，挂着一张扑克脸，而是冲着你腼腆地微笑。

每日简评，让他敞开了心扉。他开始不时和我说一点实话：

放学，看见张张的车开了出来，车牌尾数是258。老妈一直跟在后面，拖拖拉拉的，不敢超车，连等红灯都不敢与张张并排停车。过了红灯，张张依然在前面不紧不慢地开着，妈妈掏出手机，咔——咔——咔，几个快门，记录了这美好的时光。可是，妈妈"急性病"又犯了，一脚油门超过了张张。那一刻，我看到了张张的"囧样"：脖子伸长，眼睛瞪大，那副尊容，我不敢形容。

小艺在文字的世界里找到了倾诉的通道。而我，借着文字，渐渐地看到了走进他心灵的微光。一来二去，这小伙子似乎把我当成了朋友，也愿意把他认为有意思的事情分享给我。或是完成作业的时间比前一天提前很多，或是跟妹妹发生了一些有趣的事情，或是家里买了一个小玩意儿……写完简评之后，他总喜欢留言。简评课后，他忘记来办公室领取才运卡，又不好意思当面索要，也留言了：

张张，我忘记来领才运卡了，明天来领可以吗？

这孩子，不像以前那么封闭自己了。每日简评上，他几乎每天留言：

◎张张，这周的稿件我决定将这篇简评与前面一篇结合起来写成稿件。发泄怒火，《周报》是最好的选择，你看可以吗？

◎张张，明天的每日简评叫《设计双人床》，妈妈弄来一张床，还叫我一起设计，其实就是商量怎么安装啦，敬请期待。

◎张张，那个"揍一顿"，是根据妈妈的习惯来想象的。

看他的留言，我陷入了思考。这孩子再也没有像以前那样，一副与世隔绝的样子。孩子"不开口"的背后，或许有很多我们不了解的无奈和委屈。孩子的内心，确定自己足够安全，才会敞开心扉，把心里话说给信任的人听。孩子，感谢你对我逐步建立起来的信任，我很欣慰，也很珍惜。

（三）

第二学期，小艺很快评上"班级小作家"。班级小作家有特权，可以根据素材质量获得"初选录用"章，甚至直接获取"终选录用"章。集齐六篇稿件，出班级小作家专栏。小艺为了出专栏，也拼尽了全力，以班上的简评黑马为追赶的目标，每天写长文：

分享每日简评了。"蔡妙欣、李睿欣、刘鑫宇（毛豆），简评本拿上来。"准备念毛豆的简评了，张老师一脸惊讶地问毛豆："咦，简评本没有改完吗？为什么你的没有改？""发下来之后我又写的。"毛豆回答。张张一脸欣赏问他什么时候写的。他说："课间、自习课、午休，抽时间写的啊！"张老师展示了毛豆的成果，整整一页多。怪不得他是一个月写了七本简评的牛人。无论如何，我要努力追赶，争取得到一张优先刊用卡，早点出"班级大作家专版"。

我鼓励他："加油。"

他确实努力、加油了。每日简评都是六七百字的长文，写了改，改了写，简评本上收获了一个个七星好评。他拼命写、努力存，很快集齐了"班级小作家"的稿件。可是却被别人抢占了先机，小家伙很无奈，甚至很"愤怒"：

张张在统计哪些人可以出专栏。我无意听到"张涛"的名字。什么？张涛可以出专栏了吗？他不是与我一起评上的"班级小作家"吗？我疑惑不解。向张张打听才得知真相——他竟然存稿了。不是发了奖状之后才可以开启VIP特权吗？啥时候改政策了？

我下巴都掉到地上去了，找到刘家瑜的简评本，当然不是为了偷看，我要研究牛人是如何让每日简评"终选录用"的。首先要写得长，700字左右，有机会"初选录用"，如果质量高，写得特别好，才会"终选录用"；修改，也要像"每周一稿"那样认真对待才有机会变初选为终选。

……

小艺研究人家的作文，在人家的作文里寻找简评录用的秘密，这份主动和用心，让我欣喜。那天开始，他的每日简评字数出现了井喷式增长。小艺如愿以偿，终于出专栏了。我给他颁发了"班级小作家"的奖状，还送了他喜欢的课外书，请他上讲台拍照。小家伙骨子里的羞涩又涌现出来了。慢悠悠地走上讲台，不好意思地接过奖状，对着我的手机，依然那么羞涩。为了上报，为了出专栏，孩子们你追我赶写简评，争先恐后抢版面，班级作文繁花似锦的状况令我欣慰不已。小艺，也成了班里一朵写作的小花儿，腼腆开放。

（四）

他似乎没有变。可他真的变了。

一向躲避老师的他，隔三差五往办公室跑，腼腆地问："张老师，今天什么时候盖章呢？""张老师，初选录用之后，我改了稿件，有没有终选?""张老师,多久上讲评课?""张老师,什么时候抽奖?""张老师,我还可以继续存稿件吗?""张老师,你那天开车去哪里……"曾经,那个任课老师怎么问都不回答的小艺,居然主动跑进老师办公室,借着各种"问题""套近乎",在以前,是我不敢想的事情啊。看着他越来越阳光的脸,我的嘴角,扬起了笑意。

毕业,在一次一次紧张的刷题考试中逼近。分别的味道也越来越浓了。很多孩子借助《周报》,上演了一幕幕表白的大戏,对离别,小艺也有自己的感受:

告别了朋友,告别了老师,告别了校园,告别了那曾经欢乐的绿油油的草地,告别了朗朗书声的教室。

告别自己,那一个疯疯癫癫的自己,那一个不完整的自己,那一个无知无能的自己。曾经的伤心、生气、苦恼,统统忘掉,又有一个新天地等着自己开辟,修筑属于自己的辉煌!

文字里的小艺,不再是那个胆怯自卑、脾气古怪的"闷葫芦"。他变得阳光、开朗、自信而目标明确。

小艺毕业了,去了新的学校。

教师节,小艺妈妈发来消息:"张张,学校门卫室,我放了一箱梨子,记得去取,秋季干燥,您上班费口舌,记得润润。"孩子都毕业了,还记得提醒我注意嗓子。那个早晨,因为小艺妈妈的微信而温情满满。

一个周五,一群孩子约定回校看我。小艺也来了,他长高了不少,坐在我身旁,滔滔不绝地讲着新学校的趣事:语文老师上课很搞笑,之前的同班同学变了模样,初中作业多得抓狂……看着他一脸笑意、滔滔不绝的样子,我欣慰地笑了。

写作,是一把钥匙,可以打开心门。

"蒲公英"向阳开

（一）

杨晨的名字很早就刻进脑海。

他是班上唯一名字有四个字的学生,"沐戈"两个字,给我一种金戈铁马纵横沙场的豪气！事实上,人与名形成了强烈的反差。他是个非常内向的孩子,课上课下,总比较沉默。问他事情,他睁大圆溜溜的眼睛望着你,慢吞吞回答一句。和他聊天,一不小心就会聊死。

一次考试作文,以亲人之间的爱为题,他的文章令人心疼：

妈妈很早就离开家了,再也没有回来。爸爸为了我很辛苦地工作,经常很晚才回来,有时候躺在沙发上就睡着了；早晨,闹钟一响,爸爸又要起床上班,周末,我真不忍心叫醒他。

……

那是第一次,他的作文走进我的内心,因为那份真挚的情感。

后来知道,他是单亲家庭的孩子。妈妈不在身边,爸爸早出晚归,平时都是跟着爷爷奶奶过日子。爷爷奶奶老实勤恳,他凡事都一丝不苟,学习成绩不错,可特殊的环境造就了他的内向和沉默。

（二）

算得上学霸的杨晨,作文一直不温不火：符合最基本的要求,但需要改动的也很多。中规中矩的文字,缺乏个性,也少有让人眼前一亮的地方。

我隐隐觉得,杨晨的内心有着莫名的不安全感。课间,我跟孩子们说笑，他总是在一旁远远地观望，偶尔和他眼神对视，小家伙也会不好意思地避开。他渴望和我交流，似乎又有些害怕我的靠近。我偶尔坐到他旁边，开一些无伤大雅的玩笑，他总是一本正经回答我的问题。他，少了一些童年应有的调皮，多了一些这个年龄不应有的成熟。他的每日简评，也多是一些"积极向上"的东西，《拼搏吧，少年》《奋斗吧，少年》《努力吧，少年》一看题目就觉得不太走心。

《周报》办起来之后，他很勤奋。初选录用的稿件，总是很认真地修改。稿件本上落满密密麻麻的红字。不看功劳看苦劳，我敲上了"终选录用"章。

从录用到上报，中间还隔着一个长长的"拼手速"。为了刺激孩子积极上传电子文档，我设计了"拼手速抢版面"这一关卡。终选录用的27篇稿件中，只有22篇如期上报，上传顺序靠后的五位同学，稿件压着等月末出增刊。这一活动大大提高了孩子们上传电子稿的速度。小杨是学校足球队的孩子，踢完足球回到家，人家早就打完字上传稿件了。连续两次，因为拼手速失败没有上报，他很失望，在家里郁闷得吃不下饭。小杨爸爸不忍心看着孩子伤心失落的样子，找我求情，问可不可以想个办法。稿件录用名单已经在班级群公布，覆水难收，我实在没办法。此外，我也有顾虑，上传稿件，每个人都可能遇到困难。定了规则，大家只好克服困难，不然难以保证《周报》的良好运行。小杨爸爸说："好的，张老师，我跟他已经想到办法了。"后面是两个偷笑的表情。后来我明白了，为拼手速成功，他们前一天就打好文字，第二天只要终选录用，可以马上上传电子文档。虽说这是一个比较笨的办法，还面临着没有"终选录用"白忙活的风险，但是为了《周报》，即使白费力气，他们也心甘情愿。我铭记着这份热情，一定让他通过终选——十倍的努力，真的可以感动人。

发表真的有魔力。一次一次上报，杨晨的作文渐渐有了起色。他爸爸说，看着孩子的作文发生了质的飞跃，打心里感激老师。杨晨也很快就评上了"作文小能手"。《周报》让他明白，写作文，原来就是写自己的故事，写自己的情感。

他的生活里，爸爸有重要的地位，他用文字记录了自己对爸爸的情感：

爸爸，我好担心您啊

……

敌方后卫大脚长传，他们的右前卫准备来个头顶球，身为后卫的爸爸也跳起身来，准备断球。他们目标一样，爸爸跳得太高，嘴巴撞到了对方的脑门上，嘴唇不停地流着血，后来，松动的牙齿也挺不住了，不住地冒着血珠。爸爸当场被替换下场，直接送往医院。

医生初步诊断是下唇裂伤，需要缝合。随即把一张单子给了我，让我过目。突然，一行异常巨大的汉字睁着恐怖的眼睛看着我："本次手术可能会有生命危险"。我鼻子一酸，好想哭。可是我不能哭。我在手术室外面走来走去，为爸爸捏了一把汗，我生怕失去了爸爸……

我透过文字，深刻体会到孩子对爸爸的那份依赖。一个小孩子，面对手术的那份无助也跃然纸上。在和爸爸相依为命的日子里，杨晨学会了担当，学会了承受，也试着坚强。我想给他一个拥抱，给这个小小男子汉一点前行的力量。

（三）

《周报》，让孩子找到了发表的平台；简评，给予孩子倾诉的窗口。一直以来，我铭记管建刚老师的教诲：宽容孩子的真话。渐渐的，孩子们的写作越来越大胆，建议、批评、吐槽，随心所欲，畅所欲言。杨晨在大家的带动下，也开启了对同桌的抗议。

杨晨的同桌是一个挺阳光的女孩儿，个性有些泼辣，想跟人友好相处，也会以一种类似于挑衅的方式。恰好杨晨比较宽容，一来二去，女孩儿也习惯了这样的相处模式。可杨晨不干了，一次次写文章抗议：

3月11日　星期一　晴

请　求

"杨晨沐戈——"讨论得津津有味的我突然被老师钦点，"下课后，你换位置坐到邓雅文旁边去。"啊？为什么？您明知道我和她坐在一起会被欺负。上次，邓雅文把我从走廊踢到讲台上的时候，我就对她有心理阴影了！

张张，求你大发慈悲吧！

见我没有行动，他又继续拿起笔来：

3月12日　星期二　阴

天气阴沉沉的，我的心情也如此。

来到学校，怀着忐忑不安的心情把简评本交了上去。不知道张张会不会答应我的请求，便与同桌讨论起来。可我却从同桌那里听见了原本不应该听见的东东——原来是同桌妈妈请求张老师给她派个同桌。那样说来，我的请求是没有用的了。我的小心肝啊，为什么？

位置编排是一大难事，男女搭配、优差互助，还要兼顾小组长的编排、扫除的布置、学生性格互补，算得上牵一发而动全身的"工程"。班上六十一个孩子，总有一个人单坐，考虑到小女孩儿个性要强，想挫一挫她的锐气，安排她单独坐了一个月了，可是也不能一味这样。孩子妈妈提出的请求还算合理，一直思索着该把这个有些个性的女生放在哪里。我锁定了杨晨。他性格内向，为人温和，恰好与泼辣外向的小邓互补。几经斟酌，我依然认为杨晨是最佳人选。可，这一切都是自以为是。杨晨一次一次在"每日简评"中揭发同桌的"恶行"，我一边按兵不动，一边琢磨着解决的办法。

办法没来，投诉先来了。

一早，接到了杨晨奶奶的电话："张老师，麻烦你帮杨晨换个位置嘛，我们杨晨天天回来说同桌欺负他，一会儿把他的笔收起来了，一会儿又把他的练习册拿走了……"我在电话这头，一边听着奶奶诉苦，一边思索着对策，最终承诺，会妥善处理此事。

第二天，我把杨晨请到办公室，谈了此事，问他是不是真的特别想换同桌，他肯定地点了点头。"如果你能列举出同桌的'五大罪状'，我就同意你的申请。"第二天，杨晨呈上了换同桌的几大理由：

张张，我现在严肃地向你提出换同桌的"五大理由"：

一、经常拿我的东西。

二、老把空调水弄到我这边来。（那几天教室空调水管破了）

三、总是掐我的背。

四、老把脚搭在我的凳子上。

五、总喜欢在我手臂上画一道道线。

看着以上"罪状"，我忍俊不禁。小孩子的把戏，都是童年特有的把戏。我把杨晨的作文拍下来给小邓看，并发给了她的妈妈。邓妈妈表明了自己的态度，一定严格管教孩子，并监督她向同桌道歉。

我也该兑现承诺了。烦恼着，该把这个小妞儿安放在谁的旁边呢？我再一次把杨晨请进了办公室，告诉他决定换同桌。

没想到小家伙一反常态："张老师，算了吧，我不换了。"

"为什么？"

"没多久就毕业了，算了吧。"

我笑眯眯地看着他，狠狠地点点头，为他的包容和温暖。

（四）

单亲家庭长大的杨晨，有一个特别负责的爸爸。不管多苦多累，他都没有放弃对孩子的陪伴。爸爸忙着拼命工作，也会抽时间带他旅游，陪孩子踢足球。杨晨参加足球比赛，爸爸开车接送，每一场比赛，老爸总在一旁，加油助威、面授机宜。看着球场上的父子俩，我看到了一个父亲的坚韧。

杨晨还有一个特别耐心的爷爷。每次足球训练，爷爷都陪着他练到很晚，年迈的爷爷跟着孩子早出晚归，毫无怨言。懂事的杨晨，把这一切都看在眼里。我颇有些欣慰，又多了一份心疼。

负责任的爸爸，给孩子树立了榜样。杨晨也总是经常义务为班级做事。一次，看到李镇西老师书里的一句话"成为让别人感到幸福的人"，便把这句话送给孩子们，希望他们努力做一个"让别人感到幸福的人"。孩子们在我的号召下，也越来越热衷于为班集体服务。每天早上，总有一些孩子早早地来到教室，清理垃圾，放下所有凳子，打开电脑，让后面的孩子在轻柔的音乐声中开启美好的阅读时光。一早走进教室，就看见一个擦黑板的身影。"程昨羲，这么早？"那个黑黑的脑袋慢慢转过来，我才发现自己认错了人。"哦，是杨晨啊！"他冲我腼腆地笑了笑。哪知，这一声小小的"杨晨"，却带给我不小的感动：

我最亲爱的张张：

您好！

小学的日子将近尾声了。六年里面，不知换了多少位老师，但印象最深刻的还是您，张张。

您竟然不再呼唤我的大名……

那个清晨，我在黎明中来到学校，跟同学们做起了"让别人感到幸福的人"。见同学们都在放板凳，黑板上却满是龙飞凤舞的粉笔字，我拿起黑板擦，动起手来。这时，教室外响起了高跟鞋的"哒哒"声，不用说就知道，是我们亲爱的张张。张张走进了教室："这是程昨羲吗？"嗯？这是在说我吗？程昨羲都还没有来呢！我回头一看，张张总算看清了："哦，是杨晨啊!""嗯。"我狠狠地点点头。张张,您是不是少叫了两个字啊?在家中,只有爸爸才这样喊我的。您这一叫,让我找到了一种家的感觉。我继续擦着黑板,"杨晨,转过来。"我回头一看,您正拿着手机对着我。一看这架势,就是要拍照。我匆忙转过头去,可我知道,您早就按下了快门。那一刻,我觉得您就是我的妈妈……

祝:

身体健康、工作顺利!

爱你的杨晨

2019 年 4 月 28 日

看到这封信,我感动到无以复加。自己付出很少很少,收获却很多很多。老师一个很小的举动,或许会温暖一个幼小的心灵;相反,一句不经意的话语,也会让孩子陷入困顿与迷茫。身为老师,要三思而行——这是杨晨教我明白的道理。

文末,我留言:拥抱一下,亲爱的杨晨……

(五)

一纸试卷,宣布了毕业。送走了孩子们,联系依然没断。杨晨告诉我,假期他参加了某名校的招生考试,成绩不错,已经被录取了。真替他开心。

新的学期,孩子走进了中学。难得假期,孩子们回小学看我。腼腆的杨晨也回来了,依然冲着我腼腆地笑着。他告诉我,自己学习不错,学校还有专门的足球队,他能学习训练两不误。我冲着他露出了欣慰的笑容。

窗外起风了。在风中,我看见一粒粒随风飘扬的蒲公英。我不知道他们将飞向何处,但我知道,落到肥沃的土地上,他们会生根发芽、茁壮成长;即使遗落在贫瘠的泥土里,只要心向阳光,也能破土而出、迎风绽放。

杨晨,你就是那颗顽强倔强的蒲公英。

第四章　办报插曲

争做"班级富豪"

作文活动全面启动一个月，孩子的激情最大限度调动起来。但要让激情持续变成热情，还要想办法。我决定把"积卡活动"带进来。卡的多少，显示了孩子在《周报》活动中的地位。为此，他们千方百计抢夺各种"卡"，争做"班级富豪"。

（一）刊用纪念卡

网上下单，自己设计"刊用纪念卡"版面。办报初期，培养真话意识是第一位，反面设计了一句话："作文就是说真话、写真事、讲真情。"

孩子的作文上报一次，获得一张"刊用卡"。获取三张，有神秘礼物，到底是什么，我故意"吊胃口"。

第一次发卡很隆重。大屏幕上打出"我们上报啦"几个大字，孩子在点名声中走上来，接过卡片，站上讲台，接受大家的注目礼。拍照！上传班级群。这对于"猴精"们来说，可是很大的诱惑啊！

两个孩子一次得了两张刊用卡：梁涵童的作文发表在《三峡都市报》——正规刊物发表，价值翻倍，得两张卡。"啊——"，孩子们羡慕嫉妒又惊讶。要的就是这种效果：让他们明白，发表就有收获，越高层次的发表，收获越大。

孩子们走上了漫漫集卡路。

初期，为了让家长参与到作文活动中来，我给出了亲子专栏的"大西瓜"母子各发一张"刊用纪念卡",并告知：大人的卡可以转让。"大西瓜"高兴地挺着圆圆的肚子,嘚瑟地笑着,引来同学们一片妒忌声。我趁势点火："让你们的家长也帮忙挣啊!"很快,"大西瓜"集到了三张,程昨羲集到了两张。

令人哭笑不得的是,丢三落四的"大西瓜"和他的死党程昨羲,一不小心让宝贵的卡进了洗衣机,化成了"渣渣"。他们整天围在我身后,苦苦哀求,还说大家都看到的,都可以证明。我绝不松口,他俩一再苦苦哀求,问到我不耐烦了,告诉他们："别再来求我,一点儿机会都没有!""大西瓜"听出弦外之音,两人屁颠屁颠走了。放学时,我宣布："崔鸿宇和程昨羲把刚刚发的卡丢了,苦苦哀求了我一天,看在本人今天心情好的份上,补发给你们!"两个孩子蹦起老高,"但是,自己保管不当,不能完全补发,只能打五折,两张换一张!"程昨羲拿回了一张卡,大西瓜的三张,有一张是妈妈的,不予补发,剩下的两张也只换了一张。这下,"大西瓜"瞬间泪奔!

梁涵童上《周报》又得一张"刊用卡",他很快集齐三张卡,按规则可以换取神秘奖品了。可这集卡活动还"酝酿"得不够成熟,太快太容易的成功,不利于《周报》活动的长远发展,遂将兑换起点改为四张。同学们吵我"说话不算话",我借"增刊"之名反驳："九月出了六期报纸,那肯定要提高要求了。"孩子们无话可说。此时,想到了在兑换规则加上一条"兑换活动最终解释权归'张张'所有",有了这一"新规",调整各种兑奖活动才能"有法可依"。

孩子们依然对集卡活动满怀热情,部分孩子很快集齐了四张"刊用卡",班级里产生了第一批"作文新苗"。

（二）优先刊用卡

《周报》活动深入推进后,我发现了问题：四张卡评"作文新苗",对于作文后进生有些难；三张卡评上"作文新苗"，对于作文优等生又太容易。这时，"优先刊用卡"应运而生。

版面如何设计呢，《周报》上的"慧言星语"给了我启发。把学生的名言刊印在卡上，孩子有着无尚荣誉感。最近总在印制卡片，干脆多印一点，设计了卡通和水墨风景两种风格的优先卡。事实证明，我错了，低估了孩子的审美，男生对那些幼稚的卡通根本不感兴趣。这才明白，新时代的孩子，不能用"我以为"来代替他们的思维。他们对审美的追求和要求，不是我们可以低估的。班里男生课间聊"王者荣耀"比较普遍，如果把卡通人换成"王者"里的人物，孩子们说不定更感兴趣。

"优先刊用卡"的获取有固定的套路，也有"意外的惊喜"。在一个月内写完一本简评本，可以获得一张"优先卡"。这是为写作特长生设置的福利。优秀生写作文没有什么难度，上报也不难，"优先卡"是为鼓励孩子坚持多写，坚持写长文。"意外的惊喜"属于作文后进生。为了给他们上报的机会，要发现他们的闪光点，借机奖励他们"优先卡"，做扫除认真，奖一张，作业错误少，赏一张；考试有进步，来一张；上课发言精彩也可以获得一张。"意外的惊喜"，一般由老师制造，且专为后进生设计，想扶持哪个后进生，就制造机会给他"优先卡"，哪个后进生上了几次报，哪个需要扶持，都要心中有数。

待优的姚睿上了两期《周报》，明显越写越好，甚至基础知识的掌握也慢慢提升了。我把他作为第一个重点培养对象。抓住他上课回答问题的机会，我奖他一张"优先卡"，他乐呵呵地笑了。得到了"优先卡"，就像得到"免死金牌"。周末，小睿写稿件格外用心，交上来一篇长文的同时，送上了"优先刊用卡"。看他写得很用心，我悄悄把"优先卡"还给他，并告诉他，可以在"终选录用"的时候使出"杀手锏"。作文上《周报》，要通过层层关卡。周一交稿，61篇稿件中选40篇左右"初选录用"，进入下一轮修改环节；根据修改的态度和质量，筛出 27 篇"终选录用"，进入最后的"拼手速"环节。最终以上传时间的先后顺序选取 22 篇上报。每一个环节都有竞争，孩子们在竞争之中发力，才会全情投入。竞争总会有失误或者失败，优先刊用卡就起了"免死金牌"的作用，在关键时刻派上用场，孩子们对此卡很痴迷。

（三）才运卡

报纸上的文章，也有优劣，为了鼓励孩子们争创优秀，要对佳作进行鼓励，我引进了"才运卡"。

才运卡设计成金光闪闪的黄色，中央印上"才运卡"几个大字，背面配上一句话"所谓才运，就是才华和运气同时降临"。这也在一定程度上解释了"才运"的含义。

评上佳作的孩子，基本都是作文高手，优先刊用卡对他们的价值不是很大，换成才运卡，既兴奋又刺激。孩子们读完《周报》，选出五篇佳作，我也选出五篇来。如果学生选的佳作和老师选的有四篇相同，可以获得"才运卡"一张。因为有了"才运卡"的刺激，孩子们会认真读，仔细比，还会揣摩老师的想法，猜想老师可能会选什么样的文章，带着思考阅读《周报》，会唤起孩子们读报的热情。

"才运卡"与抽奖活动相结合，更能调动孩子的积极性。每周五，孩子们凭手中的"才运卡"参与抽奖活动。抽奖活动中，奖品的设计很关键。对此，我花了些心思：奖品不能太贵，长期抽奖，"内存"告急可不是好事。看着躺在抽屉里的铅笔，利用起来；奖品要孩子喜欢，才有吸引力，班里有一群吃货，嗯，零食；还要有大奖，意外的惊喜是最大的吸引力，什么呢？免当日作业一项！没有哪个孩子是愿意做作业的。免一项，不会对学习造成多大的影响；优先刊用卡可以多设置一些；最后还要挖个坑，让抽奖活动充满刺激感，来几张大大的"谢谢参与"。高年级孩子对铅笔根本不感兴趣,说那是一二年级小朋友的玩意儿,只好妥协。抽到铅笔的,可以换为零食,孩子们又笑了。抽到免作业、优先刊用卡的孩子,那兴奋劲儿,就像着了魔:

张张的幸运抽奖

终于在我奋战三天之后喜得才运卡。

抽奖啦!奖品多多,一等奖品"免作业",大家对它的渴望如沙漠中的甘泉,风暴中的避难所。可是,在一百多个抽奖球中,只有可怜的五个;二等奖品"优先卡",虽然没有免作业刺激,不过可以通过它再得卡呀;三等奖品小零食,哎——谁不可以买呢,只要花点小钱钱儿;四等奖品小铅笔,切——一二年级还是好东西,六年级,no no no;居然还有最坑爹的"谢谢参与",我的天啊,千万不要抽到它。

该我了,我激动得手发抖,交上去两张才运卡,把手伸进抽奖箱,不停搅动,还不停默念"太上老君快显灵,太上老君快显灵……"我心一横,拿出两个球。开……不开……开……不开……我犹豫再三,终于打开,慢慢摊开小小的纸,"作业"两个字呈现在我的眼前,有希望、有希望!哇,免作业!60双眼睛齐刷刷盯着我,我心满意足地走下讲台。

天下群雄,谁与争锋?我就是这么拽!

"才运卡"加抽奖,会很大程度激发其他孩子对卡的热望。

偶尔,我也把"才运卡"带到阅读课堂,孩子们积极性不高的时候,疲惫的时候,找个机会,奖励某人一张"才运卡",他们马上精神百倍。调皮的"反面教材"为为埋怨:"本来我不准备好好听讲的,一想到'才运卡',就下决心好好听了,我还举手了,可老师就是不叫我!张老师,你偏心。"

大扫除,很多孩子偷懒,拈轻怕重,只有"大西瓜"和"刘小屁"老老实实蹲在地上清理饭粒、残渣,我拍了照,放到大屏幕上,隆重表扬,大大方方地奖一张才运卡。孩子们羡慕的同时，也知道了我对于老实人的认同和欣赏。"才运卡"本来用于作文活动，没想到居然促进了阅读课堂，服务于班级管理，作文教学变成了作文教育。

（四）解释权归张张所有

难得的好天气，孩子们上体育课，我想下去走走，跟他们玩玩儿。他们在测试五十米。我随意坐在草坪上，看着他们飞奔的身影。

一会儿，我被团团围住。菜菜在每日简评中抱怨作业多，我想了解一下孩子们回家作业的真实状态。他们的家庭作业，到底用时多久，做到多晚。我问菜菜："作业很多吗？不是在学校做了一些吗？"孩子们群起而攻之，都在吵，我没说什么，暗暗琢磨着该怎么调整。作业负担过重，不利于每日简评的质量，不利于《周报》的长期刊发。沉默之后我又问菜菜，作业多你还写三个每日简评？她说，实在太想写了，就是想把心里的抱怨发泄出来。我有些感动，又有些担忧。懒小鬼何浚泓说："傻，不知道少写点啊，自己要写那么多。"

马上一片反驳："可是写少了又觉得对不起自己，不甘心啊！"

对于热爱的事情，他们愿意付出，甚至愿意吃苦，不要小看孩子的坚持力。

孩子们又讨论起《周报》来："这期要上报好难哪，好些人有'免死金牌'（优先刊用卡），还要拼手速。"

"那就不写了呗。"我刺激他们。

"哼！"又是一片撒娇般的反对。我安慰他们，对于敷衍了事的稿件，老师可以收回刊用卡。这下几家欢喜几家愁。狡猾的何浚泓说，那也没事，反正下回还可以用。我马上反驳："有效期最多一学期，解释权归张张所有！"哈哈，和这群孩子斗智斗勇，真是太有意思了。

孩子们埋怨起来："第十一期的佳作简直太难选了，感觉都差不多，都有优点或不足。怎么办啊?"几个孩子出"阴招儿"说偷看我选的。"呵呵,早就防着你们了,在家里。"我得意洋洋。"啊——"又是一阵尖叫。

孩子们交流的话题,居然紧紧围绕着《周报》。对《周报》的牵挂,就是持续着一份写作的热情。我想,刊用卡、才运卡和优先刊用卡,在很大程度上又给作文活动添上了"冬天里的一把火"。

当然,卡片的发行和使用,也是一个不断摸索的过程。发卡多少的掌控,特别是优先卡,一定要有一个大致的规划,不能滥用。才运卡也是一样,要有适度的饥饿感,孩子才会全情投入,因为——得不到的,才是最好的。设置障碍,让他们争起来、抢起来,"班级富豪"的地位才得以充分的彰显。

孩子们争做"班级富豪"的背后,是汗水的积淀、努力的证明。而我,在孩子们的争抢中,也逐渐明白:行动、反思、摸索、前行,所有的成长都是干出来的。

享受"高光时刻"

生活，因为有了"仪式感"，普通的日子被赋予爱和感恩，显得弥足珍贵。《周报》活动中，我愿意多花一点时间，用一些特别的"仪式"，让孩子们感受"高光时刻"的美好，享受写作带来的荣耀，留住童年的记忆。

（一）隆重的颁奖仪式

稿件登上《班级作文周报》后，跟正规刊物一样，发"稿件录用通知单"，发"刊用纪念卡"。

发卡的流程简单而隆重。先发《周报》，公布上报人员名单，发"刊用纪念卡"。拍照环节，孩子们摆出各种造型，用最酷的肢体语言表达上报的喜悦。照片分享到班级群，家长们看到后，总会送上鲜花和掌声。每一次隆重的发卡仪式，都是一次鼓励的蜜糖，会激励更多的孩子努力写稿，争取发表。

集齐四张"刊用纪念卡"，获评"作文新苗"，举行隆重的颁奖仪式。仪式上，公布名单、颁发奖状、宣布称号，同时将课外书送到获奖者手中，拍照发到班级群表扬。

颁奖仪式上，挑选典型代表进行隆重的表扬。姚睿是班级的后进生，也是我的第一个"重点照顾对象"。作为第一批"作文新苗"，他得到我大张旗鼓的表扬："你们看，姚睿刚来班上的时候，连听写都很困难。可是只要坚持写，坚持改，就会进步神速。我想把最热烈的掌声，送给最努力的孩子，让我们一起为姚睿点赞！"在热烈的掌声中，小睿的脸红了，露出了羞涩的微笑。我鼓励他："加油哦，张老师希望你能成为第一批'作文小能手'。"

后面陆续评选"作文小能手""班级小作家""班级大作家""班级诺贝尔文学大师"。获取对应的称号，都会举行隆重的颁奖仪式，"班级大作家"和"班级诺贝尔文学大师"还举行了"人气王评选"和"诺贝尔文学大师庆功会"。

每次颁奖，都有固定的程序，有奖状奖品，会拍照表扬，有老师赠送的课外书，甚至还有小巧精致的蛋糕，仪式满满，惊喜多多。

（二）班级"人气大作家"票选活动

《周报》活动深入开展，学生写作热情持续高涨，班级近半数学生评上了"班级小作家"，我推出了班级"小作家专栏"。

"班级小作家"的不少"每日简评"写得跟稿件一样好，我根据质量，敲上"初选录用"或者"终选录用"章。学生存留稿件，集齐大约6500字的稿件，出"班级大作家专版"。

很快，《周报》出了八位班级大作家的文字，共出了四期"大作家专版"《周报》。

仔细研读"大作家专版"的文字，是真正贴近学生的范文。仅仅让学生读一读，有些浪费。专门上讲评课，没有足够的时间。想了一个折中的办法——班级"最具人气大作家"票选活动。

早读或者自习课，学生集中读"大作家专版"《周报》，推荐一名最喜欢的班级大作家，写100字以内的推荐词。当场收推荐语，当场唱票。从蔡妙欣、李睿欣、陈珂玥、袁雨涵中选出的"人气大作家"是蔡妙欣和袁雨涵，赏了她们两张才运卡。

由于时间关系，第二场票选活动不能即刻唱票，正好给了我统计、分析的时间。61份推荐中，李浩然占了半壁江山，共30位同学支持李浩然，另外31张人气选票，任美娴获得11张，梁涵童和袁家玲各将另外10张收入囊中。可见"李白"的实力非同一般。

大家的推荐语也很有意思。

桃子是"每日简评"的特困户,他的推荐词却不错:

"我要推荐的是作死枭雄李浩然。他在我们十班的文字江湖上闯荡,即使遇到强敌,也用幽默的文风进行对抗。我相信他!"

杨晨沐戈也是"李白"的崇拜者:

"《军训回忆录》生动形象,把人物写得惟妙惟肖,还分成了好几部,和电视剧一样有下集预告,激发我们往下读的欲望。"

袁雨涵也提到了"李白"的连载:

"预告有看点,长文短文都有一定的含金量,《绯闻卷土重来》幽默搞笑,《忍无可忍》很有特点。"

梁涵童也有自己的忠实读者。李睿欣认为:

"四个专版,梁涵童的文章变化多端,他的文章并不是那种特别引人注意的,却是最好玩的,不煽情,很舒服。"

小家伙的推荐语,也"不煽情",却"很舒服"。

程艾希很欣赏袁家玲的文章:

"她的文章真实自然,敢写心底的想法。委屈、不满等各种心情都靠文字述说。真实的情感最美好。"

四位大作家都推荐了自己。每个人都有充分的理由:

"李浩然的文章幽默,《一地月光》很优美,别有一番风味,因此我选择给李浩然投票。"

这是李浩然自己龙飞凤舞的字迹。

"容我小小的自恋一回,人总归是要有自信的嘛。记人写事,真情实感,字字为真、朴实无华,不管怎么吐槽,容我自恋地一个字评价:好!"

颇具幽默风的推荐语是袁家玲的自荐。

"语句通顺,有新意,爱学习其他好文章。《套路好长……》的前三自然段是《藏戏》学来的写法，《开学第一刻》谐音'开学第一课'。关键是，我的慧言很好，我是慧言代言人。"

这是梁涵童的自我推销。

"我喜欢以幽默的文字来敲击心灵的琴键，每一篇文章，都具有特点。"

这是美娴含蓄而谦虚的推荐。

每个孩子，都认为自己的文字是最好的。孩子们发自心底的"文化自信"难能可贵。

"最具人气班级大作家"评选结果出炉。颁奖仪式是不能马虎的。奖状一定要有，还要郑重其事地发卡。同时，要评选出几份最佳"推荐词"提高学生对写推荐词的兴趣。毕竟，鲜花还需要绿叶扶，每一个孩子，最想做的，肯定是鲜花。让大作家评选活动的作者和读者都有盼头，孩子们才会积极地参与到票选活动中来。

同时引导学生关注推荐词。如何写出有针对性、有新意、有文艺感的推荐词也可以适当的渗透和引领。以奖促练，以奖促思，在《周报》活动中开发丰富的教学资源。这意义，超过了办报本身。

大孩子毕业，接手了一年级，《周报》依然在继续。改用了网络票选"人气王"。在微信小程序"问卷星"上创建一个投票，根据需要设置模板，以文章题目为主设计选项，提示参与者选出五篇自己最喜欢的文章，投票结束后台会自动生成投票结果。网络票选方便快捷，也没有统计失误。用现代化的手段为《周报》活动助力，事半功倍，收获多多。

（三）"文学"作品欣赏会

"大作家"和"诺贝尔文学大师"的文章，具有很高的含金量，更要好好利用！我决定举办一次小小的"班级文学大师作品欣赏会"。

仪式很重要。黑板简单布置一下，梁涵童、李睿欣写上"大师作品鉴赏会"几个颇具个性的大字，以鲜花、礼炮点缀。本次欣赏会上登场的大作家有梁涵童、李浩然、蔡妙欣。以大作家梁涵童为例，欣赏会流程如下：

一、作家亮相

大屏幕出示作家照片及作品简介，老师宣读简介，大作家登台亮相。颁奖词如下：梁涵童，三四年级的作文并不突出，甚至有些不尽如人意。可自从他的《师爱如咖啡》发表在《三峡都市报》，就爆发出巨大的信心和持久的能量，成为第一批班级小作家，经过一段时间的刻苦努力，梁涵童成功地登上了"班级大作家"领奖台，我们欢迎梁涵童上台！（此处一定会有掌声）

二、感言发布

大作家事先准备好两三百字的获奖感言，在发布会上演讲，可以是经验交流，可以是获奖感受，也可以激励同学们努力上报。

三、佳作欣赏

采访大作家，自己认为最满意的是哪一篇文章，他非常自信告诉大家《三偷奶酪糕》。我也觉得这篇文章构思很独特，三次偷我蛋糕的心理活动刻画得细腻而传神。请他大声朗读这篇文章。小伙子有些腼腆和紧张，读得不是很流畅，给他减压："你也可以请好朋友帮你读。"谢钧翔高高举起手来，请他起来读，声音洪亮、绘声绘色。读完，教室里响起了掌声。那掌声是送给大作家的，也是送给朗读者的。朗读者读完，收获了一枚才运卡。

四、我提建议

小梁的九篇文章中，点题征文《难忘的第一次》，有明显的语言病。一番表扬后，我话锋一转，不要以为大作家的文章就无可挑剔，梁涵童的文章，其实也有需要修改的地方。大家看《难忘的第一次》，很多孩子举起了手，有的甚至在下面嚷嚷："套话病。"我问小梁会不会修改，他点点头:"去掉第一自然段。"是的,去掉第一自然段之后,更简洁。我提醒大家:"好作文是改出来的,大作家的文章都有那么多可以改动的地方,我们的文章,也需要反复修改。"

五、颁发奖章

最后,请本次作品欣赏会上的主角登场,统一授奖,发奖状奖品、拍照、赠书,接受大家的"注目礼"。集体授奖更集中、更能形成视觉冲击和心理冲击,更有"仪式感"。

(四)"班级诺贝尔文学大师"庆功会

第一位"班级诺贝尔文学大师"诞生了,她是袁雨涵。第一,有着非同一般的意义,该有个不一样的仪式。

看到办公桌上的蛋糕,我来了灵感。平时都是孩子们带蛋糕给我吃,我也要把代表着欣赏与鼓励的蛋糕,送给努力的孩子。

选了个巧克力味道的小蛋糕,买了数字蜡烛。粉红色的烛身,形状是个立体的阿拉伯数字"1",用来表示第一位"班级诺贝尔文学大师",下次买"2",表示第二位"诺贝尔文学大师",这有着非同寻常的意义。提着蜡烛,幻想着庆功宴上孩子们可能出现的各种表情,羡慕、嫉妒,还是尖叫?

捧着热乎乎的《周报》走进教室,孩子们瞬间安静下来。他们在清晨柔和的春风里,享受着我带来的精神大餐。在《周报》上仔细搜寻名字,看了半天,一个人名也没找到。性急的孩子问:"这是谁写的啊?"

"不知道看啊?慧言都是袁雨涵的名字,这是袁雨涵的班级诺贝尔文学大师专刊。"又引来一阵羡慕夹杂着绝望的叹气声。

一本新书、一个小蛋糕,加上一只小巧精致的蜡烛,一场简单而又隆重的庆功宴就拉开了序幕。

大屏幕上打出"班级诺贝尔文学大师庆功会"几个大字,孩子们瞬间惊呼。主角"袁黑妹"有点不好意思了，拿《周报》挡住"黑黝黝"的小脸，报纸背后是无法掩藏的笑意和嘚瑟。借来打火机，关掉了电灯，慢悠悠打开蛋糕，不慌不忙插上蜡烛，小心翼翼点燃那个象征着第一的粉红色蜡烛。这个过程很慢。慢，学生关注得更久，心理产生的波动更复杂，仪式感也越强。

一切准备就绪，我郑重其事宣布："班级第一位诺贝尔文学大师产生了，她就是——袁雨涵。我们掌声欢迎袁大师上台领奖！"雨涵走上讲台，我攀着她的肩膀，递给她一本书，"袁黑妹"单手小心翼翼地捧着那个燃起蜡烛的小蛋糕。教室的灯灭了，微弱而温馨的烛光映照着她黝黑光亮的脸庞。我走下讲台，给她拍照。小家伙很配合，做了个"耶"的手势，手机留下了这个值得纪念的时刻。

我告诉雨涵说："作者能邀请五位好朋友分享蛋糕，可以请你的好朋友上台一起吹灭蜡烛。"请五位孩子分享蛋糕，也是有意安排的。分享蛋糕就是分享喜悦，把自己的成功分享给最亲密的伙伴，一来可以刺激伙伴的进取心——朋友之间都会暗自较劲儿，你比我好了，我一定想办法追上你，甚至比你更好；同时，又给获奖者带来巨大的荣耀——你们的"命运"都掌握在我的手中，那感觉一定爽。在大家期盼的眼神里，雨涵请了邓义礼、李睿欣等好朋友一起吹灭蜡烛。教室里唱起了"祝你蛋糕发霉，越长越肥"的盗版生日歌……

还有一个重要环节：获奖作者发表获奖感言。这个环节之前没有告诉雨涵，完全即兴的发言没有那么妙语连珠激情昂扬，却道出了孩子心灵深处对写作最真实的感悟。她说："其实一开始，我的作文写得并不好，还记得《邂逅诗词》的作文成为讲评课的'反面教材'，可是只要坚持下去，认真面对每一天的简评，认真听讲评课，并尝试着做出调整和改变，就会慢慢进步。表面风光的背后是艰辛的努力。我希望自己以后会坚持下去。"

我想以"庆功会"的形式，把表扬做得更有仪式感，给孩子形成视觉和心理上的冲击。内心的震荡，就是前进的动力。愿有更多的孩子，能够在最后的时间里，发力冲刺，创造属于自己的奇迹。

"高光时刻"的到来，无疑为孩子的努力又添了新动力。

"意外"不期而遇

《周报》活动并不是一帆风顺的，收获多，意外也不少。那些意外的"插曲"，经过时间的沉淀，显得美好而珍贵。

（一）"宝贝儿"不见了

《周报》活动中，孩子们最心爱的"宝贝儿"莫过于各种各样的卡了。"刊用纪念卡"是地位的象征；"优先刊用卡"是救命的"保险"；"才运卡"带来刺激和惊喜。他们攀比着、炫耀着，争当班级"富豪"。偏偏有些人粗心大意。故事，就产生了。

除了丢三落四的"大西瓜"和程昨羲，让宝贵的卡进了洗衣机，化成"渣渣"之外，同样倒霉的，还有"小蟹"。

他的刊用卡丢失了，怀疑是同桌朵朵拿的，还有一大堆的推理：

刊用卡探案记

"终于有四张刊用纪念卡了！"四张可以把人眼闪瞎的卡——等等！"一——二——三——。"不会的，再数"一——二——三——"，怎么只有三张？

明天，是评"作文新苗"的日子，一定要赶在明天前搞清楚。

我化身成了侦探。第一步，必须理清思路。

……

绝望中，吴雨桐发话了："我看到是胡朵儿拿的，她还让我不要告诉你。"我仿佛又看见了太阳，正准备对胡朵儿来个细密的盘查，吴雨桐却小声地对我说："不要说，我怕她会揍我。"

我决定委婉一点，轻柔地问："胡朵儿，你有几张刊用卡？"她干脆地甩了一句："三张。""可以给我看看吗？"我不失时机地问。"凭什么！"说完她又看书去了。

我拿出5到11期的《周报》开始调查，胡朵儿共四次上报，有一次记得她和李睿欣用刊用卡更换了一张才运卡。

发"作文新苗"奖了，胡朵儿毫不犹豫地把卡拿上去，此刻我很闹心："那卡到底是不是我的？"

……

每一个证据都确切地指向她，还有目击证人，我的证据很充足……

这样的文章发到《周报》上，孩子会争执，家长可能会有意见。怎么办？琢磨了对策，先告知家长，说清楚事情的来龙去脉，请求家长的理解和支持；而后，我向朵朵约稿，写一篇文章上《周报》回应此事。这样，朵朵可以还自己"清白"，还能优先录用，一举两得。

事后，我给孩子们支招：真实的情感也可以巧妙地表达——虚构的真实。学校、姓名、班级全部虚化，既不会伤害别人，也能够更好地保护自己。考虑读者感受、学会"理直不气壮"。处理好"意外"的同时，还有意渗透了一点点"读者意识"。

原来，面对情绪作文，要学会心平气和理智处理。因为作者的名字，叫儿童；特殊的读者，叫老师。真话意识的培养，要"放"得潇洒，也要"收"得自如。

（二）讲评课的眼泪

讲评课是同学们最喜欢的语文课。课上，不仅收获了技能，还能收获金光闪闪的"才运卡"。每周的讲评时间，孩子们都特别期待。

又到讲评课，我捧着《周报》走进教室，他们眼里闪烁着饿狼般兴奋而贪婪的光芒。打开课件，宣布慧言、晒出佳作。佳句欣赏，我出示小代的句子，朗读：

　　我一出来，您就停止看手机，用恶狠狠的眼神目不转睛地盯着我，仿佛我借了高利贷，杀了人………

　　小代并没有出现我期待的无限荣耀的表情。相反，他有些低落，默默垂下眼，掩饰着内心的忧伤。我想用表扬冲淡他低落的情绪："你们看，小代的表情特写，把爸爸凶神恶煞的样子，写得……"话还没有完，小代的眼泪啪嗒啪嗒往下掉。"张老师，不要说了吧。我们都懂。"善解人意的孩子们出声阻止，我没有再说下去，教室里有一丝尴尬，同时又弥漫着温情。我为孩子们的善良而欣慰。

　　同样，在讲评课上掉眼泪的还有小王。他腼腆，有礼貌，也有些自卑，我想借表扬的力量鼓励他，出示了小王的佳句：

　　终于迎来了这个黄中带橙的"千金大卡"，这后面掺杂了多少感情？而蔡妙欣，却送来了个"切——你才作文小能手啊。"一桶凉水泼下来。感觉自己在班上是一个影子，没给全班付出，也没有一丝一毫作为，在别人眼里，我就是个无关紧要的东西，一个可有可无的废人……

　　出示句子，请孩子朗读，越往后，教室里越安静。此刻，小王坐在门口靠墙的位置，他把头埋得低低的，努力掩饰夺眶而出的眼泪。本想借着表扬的力量鼓励小王，没想到却弄巧成拙。此刻，我不想再分析他的写作技巧，我告诉大家："在老师的眼里，小王从来不是一个可有可无的角色，还记得我们在公交车偶遇时，你礼貌地跟我说再见的情景；还记得在同学们管不住自己时，你义愤填膺谴责'四大金刚'的放肆。你虽然不爱展示，却总能在一些考试中一鸣惊人。你怎么会是一个可有可无的人呢？你只是对自己要求太高了。"我一边说，一边走到小王的身边，把安慰和鼓励的拥抱给了小王。

　　我希望，那一幕能够留给小王温暖的回忆。

（三）美丽的错误

"发稿件本啦"！不知谁一声呼喊，孩子们一下子兴奋起来。他们都渴望着自己的稿件本，想看到梦寐以求的"初选录用"章。连续"三连杀"的陈珂玥跳起来拥抱死党；连续两次落选，而今重整雄风的为为，嘚瑟地跳起了摇摆舞；腼腆的小王捧着稿件本走到我面前："张老师，我写了两篇，为什么一篇都没有通过初选？"我很惊讶："你写了两篇吗？"他摊开稿件本："真的，《月考之后》和《才运抽奖》都写了接近两页。"哎哟，真是粗心。我当着全班同学坦诚道歉："王滨铼写了两篇稿件，我居然没有看见，真是对不起，如此认真的孩子——""干脆直接终选录用"，可爱的"黑妹儿"抢过我的话，孩子们也笑着鼓掌。上报竞争如此激烈的情况下，还有人大度地替别人求情，我真喜欢他们——接受竞争，并在竞争中学会换位思考，这是比上报更可贵的东西。

毛豆的稿件忘记写自荐了。今天发狠话，没写自荐的，一律不通过初选。可忙碌中，我把他的最后一段话当成了自荐，敲上了初选录用章。孩子们觉得不公平，找我评理，我只好取消他的初选。最近毛豆疯狂写简评，创造了班级吉尼斯纪录。不看功劳看苦劳，我本想借上报激励他，可是，话已出口，覆水难收。"大西瓜"似乎懂了我的心思："让他通过吧，都盖上章了。"要知道，"大西瓜"也因为没写自荐，光荣落榜了，一个在失败之中还想着别人的人，是值得尊敬的对手。

这些嘻嘻哈哈的孩子，他们喊着老师的小名，改编着自以为很潮的歌词，开着古灵精怪的玩笑，……调皮捣蛋的同时，又表现出非常成熟、宽容的一面。他们让我看到教育的美好、童真的可爱。他们的世界里，或许有竞争，有比较，有羡慕，有嫉妒，但是他们又懂得互相原谅、互相理解、共同进步。

（四）等级评奖过快

跟着管老师办《班级作文周报》，认真研读了他的《我的作文教学革命》，依葫芦画瓢，采用等级评奖系统为动力系统。

为应对忙乱的开学工作，我在暑假试办了五期《周报》练手，开学每周出刊，版面不够则每月出一期增刊，寒假依然不停刊。孩子们的热情持续不断，半年时间，他们从"班级小作家""作文小能手"奋斗到"班级诺贝尔文学奖"。可是，一个学年的时间还差长长的三个月，等级评奖系统对部分孩子却没了激励作用，处于毕业年级，要面对考试的压力，中途更换激励系统又可能会手忙脚乱。真是前路茫然啊。

迷茫之中，求助了救星管老师。

他帮我找到了症结，寒暑假，不能算正式发表，不要发"刊用纪念卡"，可以发"优先刊用卡"，这样就能放慢等级评奖的速度，不至于一年的"粮食"半年吃光。

根据管老师的建议，我做了一些调整：

先调整《周报》的投稿方案。

将《周报》A版开辟为"班级小作家专栏"专属版面，每周推出一位班级小作家。班级小作家通过排位赛抢版面，先集满六篇文章，可以出专栏，同时集满六篇的，通过"拼手速"抢夺上报的档期；其余同学抢夺剩下来的三个版面。这样就形成了两个层面的竞争——班级小作家和非班级小作家的竞争。处于同一水平，竞争更有挑战性。班级小作家，都想早点出专栏，铆足了劲写稿，拼手速。一些作文后进生，抓住这个难得的时机，也蠢蠢欲动，积极响应了。小作家专栏位于周报A版，我们称为"C位"，这是一份了不得的荣誉，他们特别有成就感；小作家稿件集中在A版，能很好地反映出他们的"高水平"，树立榜样，同时又形成对比——对比也是一种学习；同时，只有"班级小作家"才享有同时上报六篇文章的"特权","特权"给他们足够的优越感和满足感,他们更加拼命了!

又为孩子前行多加一道"障碍"。班级小作家出了专栏之后,要继续存稿件,拼排位,集齐6500字左右的文稿,出"专版",评"班级大作家"。再集齐20篇文章,大约11000字,出"专刊",评为"班级诺贝尔文学大师"。评上"班级大作家",还要集齐20篇左右的文字,按每周五篇都能达到上报的标准计算,也需要一个月才能评上终极大奖"班级诺贝尔文学奖"。

这就解决了等级评奖过快,激励系统对部分人无效的困难。

这样一个疑惑的产生和解决,也让我有了自己的思考。

一、任何一项活动的开展,一定要有整体意识。要做好规划,不能"顾头不顾尾"。

二、欲速则不达。不管干什么,雷厉风行是好的,但慢下来也是艺术。真正的教育,要像农业,庄稼长得有快有慢,要接受慢生长。速成的,经不起考验。

三、出现问题了,要想办法去调整。请教高人是很好的办法,但是不能一味地依赖高人。办《周报》的过程中,会出现的问题肯定是不一样的。这个班的孩子,写作文上《周报》很积极、很疯狂,下一届,不一定。这一届遇到的问题,下一届,可能遇不到,也可能会出现新的问题,重要的是想办法。任何的教育实践,都要学会自己去体会、去琢磨,去面对困难,解决问题。

路,自己去走才踏实。

(五)《周报》到底办不办

临近毕业,复习的压力很大,欠了好几期《周报》讲评课。抽空好好研读了《周报》,紧赶慢赶,在铃声响起之前完成了讲评课PPT。迈着轻快的步子走进教室,还带了新一期的"班级诺贝尔文学大师"专刊。

一进教室，孩子们看见我手里的《周报》，一阵尖叫。下午的课，他们很疲惫，能读《周报》或者上讲评，是莫大的幸福。

打开电脑，插好优盘，大屏幕上出现讲评课字样的课件时，教室里响起了两种截然不同的声音。一种是兴奋的尖叫，一种是恐慌的惊讶——什么？上讲评课？《周报》好像还没有读完呢？

"上哪一期？"

"51和53。"

他们迅速地翻找。有的很快找出来，这部分孩子，视《周报》如珍宝，每一期都是平平整整，留下了满篇的阅读痕迹；有的孩子这里抽一张，那里扯一张，拿出来的《周报》也是皱皱巴巴，惨不忍睹；还有四个孩子，《周报》没有带来。不用说，阅读的效果也是可想而知。

预料到本期讲评可能会有人没有读《周报》，在设计讲评课的时候，我做了稍微的改动。佳句欣赏环节，没有像以前一样打出作者的名字。出示句子，请同学猜作者，说对的孩子，奖励一张才运卡。抽答时，我有意地倾向于"作文后进生"，让他们尝到读报带来的惊喜和快乐。看到"才运卡"，孩子们的眼睛闪着光芒。我想这样的刺激对激励孩子积极读报有一定的促进作用。

课后，我开启了碎碎念："张老师一天这么辛苦，王滨铼妈妈如此尽心尽力（如何尽心尽力，详见下一个故事）。《周报》的背后，有多少的辛苦和不易，送到你们手里的，仅仅是一份普通的报纸吗？《周报》办还是不办？你们说了算。今天的每日简评，就以这个为主题。"

孩子们没有读《周报》，情有可原。毕业复习时间紧、任务重，没有足够的读报时间；近段时间，出了增刊《班级大作家专版》和《班级诺贝尔奖专刊》，出报频率过快，没有安排专门的读报时间，造成阅读负担。讲评课的滞后也在一定程度上消解了孩子读报的热情。只管出报不抓读报，是自己没有想周到，我没有足够的理由来责骂孩子。

孩子们对《周报》到底有着怎样的情感呢？我想一睹为快。除了颜之雅保持中立之外，所有的孩子一边倒——坚持办《周报》。他们都认为《周报》是倾吐的平台，是心灵的港湾；猪猪说："《周报》让我爱上写作文。"希希请求："《周报》让我找到了写作文的乐趣。上学期，自己只有三张财运卡，这学期发力，终于评上了'作文小能手'。老师，《周报》不能停，目前我有九张卡，还有机会冲击'班级小作家'。《周报》不办了，我的计划就泡汤了。"李睿欣评上"班级诺贝尔文学奖"后，一直处于蛰伏状态。昨天破天荒写了两页简评：不办《周报》，我们还怎么一起讨论周报，我们还怎么为了拿到才运卡费尽口舌。《周报》，是我心心念念的地方，面对"鸭梨山大"的复习，只有《周报》和讲评课可以让我们放松……

每一个孩子都说《周报》不能停。

其实，我从来没想过要停止办《周报》，整这一出，只不过想看看，孩子们对《周报》的情感到底有多深。孩子们，我们的《周报》，怎么可能停下来呢？那是我们共同成长最好的见证啊。定将《周报》进行到底！

办报过程中，这些不期而遇的"意外"，泛起美丽的小波澜，让每一个与《周报》同行的日子，都熠熠生辉。

我有"专属快递"

（一）

一早走进教室，"专属快递员"王滨铼递给我一个紧紧实实的卷轴。那是我们的《周报》。王妈用废旧报纸包好，卷成筒，封口胶包得严严实实，既保证了《周报》的完好，又保持了《周报》的神秘性——谁也别想偷看。好细心的王妈！

小心翼翼打开，露出干干净净的报纸。这是我们的第 53 期《周报》。这是一份不一样的报纸，报纸的背后，有故事。

我没有亲自讲这个故事，而是请袁雨涵朗读了我的文章《一份意义非凡的报纸》。我想通过她，让孩子们知道，文中的一字一句都是我真实的感言，句句发自肺腑。还有一个重要的原因，我怕读着读着，会控制不住激动的情绪。

一份意义非凡的报纸

《周报》活动开启以来，一路顺风顺水。没有专门的打印人员，工作量大，不过打印机给力，学校领导支持，基本没有遇到什么大麻烦。

本周，算是出现"事故"的一周。学校打印纸用完已好久了，等了几天不见动静。该打《周报》的时候，打印纸还没有回来。我一阵窃喜——幸好有先见之明，开学初，考虑到期末用纸量大，可能"断货"，私藏了一包。这不，正好派上用场。接下来的两周时间，周报依然正常出版。不过，我已经意识到打印纸紧缺，需要"节流"了。其他年级组、教师子女不再送报纸了。就这样，坚持了两周，打印纸回来了，终于撑过了"荒年"。

学校也"截留"了。打印纸存放在后勤办公室，不允许老师"随意"使用。说找教导处，教导处又让我们自己找后勤处。需要用纸的老师，终于体验了一次"踢皮球"的滋味。我的"存粮"也捉襟见肘了。有点慌，找领导疏通，答应了，可一直未果。我也不好意思一而再、再而三催促。算了，另谋出路吧。实在不行，自己去买打印纸。离毕业也没有几周的时间，大不了"出点血"而已啊。反正，任何困难，都阻止不了《时光周报》的正常出版。

　　数数剩下那一叠薄薄的打印纸，还好，刚刚够。六点十分了，刚好学校举行教职工篮球联谊赛，领导们还没走，我快步跑到操场，借来钥匙直奔打印室。电脑主机开着，真好，节约时间。显示屏是黑的，按电源开关，没有反应。重启电脑，依然黑屏。遭了，电脑罢工了。跑到学校对面的小卖部，可是，无法打印 A3 纸。失落地走回学校！明天周五，这报纸，能及时发到孩子们手中吗？哎。

　　人脑并没有罢工，我在思索着怎么才能让孩子们明天一早看到报纸。首先想到了孙培展。孙爸爸公司的办公室有打印机，去年暑假的《周报》，都是去他们家打印的。可是，最近一段时间，孙妈在外地，办公室的文员已经下班，孙爸很忙，不好意思麻烦他。没办法，这会儿管不了那么多了。让他帮我打印两份，明天叫孙培展带到学校来，我自己去复印。电子版《周报》，发送到其他电脑上，格式可能会改变，需要简单调节。我得让他在打印的时候仔细看看排版是否美观。想着要对孙爸一番"交代"，怎么都觉得不太合适。打开的通讯录久久没有按下拨通键。

　　还有谁可以帮忙呢？我想到了王滨铼妈妈。她是厂里的一名会计，经常用电脑，以前也帮我们班级的孩子复印过资料。还说如果办《周报》有什么困难的话，她愿意全力支持。可看看时间，六点已过，应该下班了。抱着试试看的心态我拨通了电话。她果然已经回家了。我有些不好意思开口。她追问什么事，我一五一十告诉她事情的经过。她在电话那头真诚地说:"你发过来,我来解决。"王妈总是这样,在最需要的时候,一直都在。我让王妈打印两份出来就行,明天自己去学校复印。王妈说:"需要多少,你告诉我。六十几份是吗?明天早上我叫小王带去。"我真诚地道谢。她说,不用谢,这些都是应该做的。透过电波,我依然能够感受到电话那头的真诚。赶紧将《周报》的电子稿发过去,附上一句"辛苦你了,谢谢。"那边是干净利落的回复:"收到,电话保持畅通,打印的时候怕会找您。"我一阵感动。

我知道,明天一早,孩子们会读到这份带着温度、带着真情的《周报》。我会把这期《周报》的故事讲给孩子们听……

文章读完,教室里自发地响起热烈的掌声;而我,在听到"我回她一个拥抱,隔着屏幕,在电脑前幸福地流泪"时,还是没有忍住内心的情绪,眼睛泛潮。掌声过后,教室里一片沉静,沉静到能够听见每个人的呼吸声。我感受到孩子们齐刷刷的目光,却没有勇气抬起头来面对他们。半天,崔崔小声问:"张老师,你哭了呀?"我假装没有听到。教室里依然很安静,孩子们在这种安静里,津津有味地读着报纸。

把文章分享在班级微信群。家长们送来了鲜花、掌声和拥抱。小王妈妈说:张老师,你辛苦了。后来,王妈私聊我,以后的《周报》都用这种形式,我发给她电子稿,她帮我打印出来,由小王带到学校。学校的设备问题没有解决,目前,这是解决《周报》刊印问题的最好方法,只是要麻烦王妈了。王妈还特意告诉我,每天的下班时间是五点半,如果有事耽误,提前告知,她在单位等。你说,还有什么比遇到这样的家长更幸福的呢?很多时候,不是我为他们做了什么,而是他们老想着为我多做些什么。除了办好《周报》,我没有更好的办法回报家长们的支持和厚爱。

(二)

一早埋头编辑第57期《周报》。一二节上课、批素材。三四节课学校集中彩排艺术节节目，简评本带到操场继续批阅。中午剪辑节目音乐，下午自习，拷贝家长会校长讲话视频，做家长会PPT。刚刚准备完，放学铃声响起。马不停蹄奔向教室，调试电脑，开家长会。

会议结束已经六点了。联系学生的表演服装、化妆等事宜。六点半离校，拖着身子回家。又是忙到累趴下的一天。

八点多，才想起《周报》电子版忘记发给王滨铼妈妈。糟糕，明天周五，不能正常下发《周报》了。该怎么办？我心急如焚。王妈妈这会儿应该早就下班了。前几天，她办公室的打印机有问题，要找其他部门帮忙打印。正常情况下，发过去的电子稿，要隔一天才能收到纸质《周报》。怎么才能正常下发报纸呢？我忐忑不安。

一早到学校。发电子稿给王妈，打电话说了事情的经过。王妈说今天能印出来《周报》，可怎么送到学校呢？我考虑好了：印好之后，开车去取或者叫一辆摩托车送到学校门口。她说行，她安排。

十点左右，王妈微信发来《周报》样刊。有一篇文章的题目，落到了下面一栏，看上去不太美观。她说："没办法，另外一台打印机也被占了，我请人帮忙的，就成了这个样子，看到心都凉了，可是实在不好意思去重新打印。"我长长地舒了一口气，秒回："没关系没关系。"

那是唯一一次排版不美观的《周报》。后面每一次，王妈都会试印一张，一一检查，发给我样刊，请我过目之后，再批量打印。

王妈接着说，大概一个小时，报纸送到学校门口。我说："好。"我实在没空开车去取报纸，她找摩托车司机送来，给点小钱省事儿，多好。

"我妈在门口等，她一会儿坐大巴车送过来。"

啊？我的心里泛起一阵感动，甚至有点鼻子发酸。婆婆为了送我们的《周报》，一早跟着王妈，从城南跑到城北，一会儿又从城北跑到城南——这么热的天儿，那么大的年纪！婆婆将报纸送到了教室门口，依然是包得严严实实的卷筒。不同的是，卷筒上多了一张鹅黄色的便利贴，上面工工整整写着一行留言：烦请送至张登慧老师，急件！

接过沉甸甸的《报纸》，接过沉甸甸的帮助，接过沉甸甸的情谊。模糊的眼睛里，我看到婆婆额头的汗珠，听到婆婆紊乱的呼吸……

（三）

我们的《周报》以这样的形式延续着，我发给王妈电子稿，她负责打印纸质稿，交给小王带来班级。我无以为报，亲切地称呼小王为"快递小哥"。他欣然接受，并以此为荣：

致张老师

张老师，自从我当上了快递小哥，生活就变得不一样了。我把"快递"递给"皇上"的那一刻，心中就被快乐充实得没有一点空隙。我一份一份地将快递送到您的手里，当您看到那份"天书"，眼里飘泻出惊讶，露出一番欣喜时，我就有了满满的成就感。同学一看见，立马情不自禁张开嘴，还混杂着"噢——耶——"的尖叫时，我就感觉自己像一个大功臣。原来，替大家送报纸的滋味是如此快乐。

小王就这样成了班级的专属"快递小哥"，微风里来，夕阳里去。因为他，我们的报纸，又多了一份浪漫的色彩。而小王，也在送报纸的日子里找到了自我。

大脑袋、大眼睛的小王，是个很有礼貌的孩子。二年级，小王和我乘坐同一辆公交车回家。下车时，他是唯一一个和我彬彬有礼道别的孩子。那一刻，小王弯腰鞠躬的样子就刻在了我的心里。小王给我印象最深的也只有这一幕。平时，他有些沉默，沉默背后，是他的不自信：

感觉自己好没用

"佩奇"考进了万中，"老解"考上万三中……而我呢？

149

万一中在他们眼里：垃圾！

好不容易拿到了"作文小能手"，等了好几周；寒假的第一次上报，终于迎来了这个黄中带橙的千金大卡，这后面掺杂了多少感情？而蔡妙忻却只送来了个"切，你才作文小能手啊！"泼了桶凉水，浇了一个"透心凉"，感觉自己在班上是一个影子，没有一丝一毫的作为。所有的重点，都是学神、学霸。没有人知道有个叫"王滨铼"的人。在别人眼里，就是个无关紧要的东西，一个可有可无的废人。

感觉自己好没用！没有一丝的特长，没有别人才学兼优，没有别人高风亮节。只想在一个地方安安静静，在家里得到亲人的关心，在学校只有竞争。友情真的——有时候太虚假！

感觉自己好没用。

前后对比发现，一份送报纸的"工作"，让小王找到了自己在班级的存在感。从小王的身上，我学会了一点：让孩子获得价值感和归属感的最有效办法，就是让他参与班级服务，让他感觉到——自己正在被需要。

《毕业告白》的专刊上，小王的字里行间是满满的不舍：

毕业就等于离别吗？不会。

初中、高中，当你看到一张张《时光周报》，就会想起。哦，原来小学时，还有一个负责的"灭霸"，有一群搞笑的"单身狗"，和被自己虐过的"不朽的马克屎"和一群铁哥们儿……

专属快递员小王，成了《周报》活动中亮丽的风景。温暖了别人，美丽了自己。

偶遇"真话尴尬"

（一）

送走了毕业班，我像摆渡人一样，守在渡口，迎来了一批活泼可爱的"小毛豆儿"。践行了一年的写作教学没有中断，我尝试着用"写绘日记"开启低年级儿童的写作之旅，带着孩子们，走上了一条低年级办《周报》作文教学实践之路。

接手新的班级，践行作文教学初期，需要家长有符合儿童发展的作文观。第一次写话日记之前，我在群里做了必要的说明，为写话教学做铺垫：

亲爱的家长朋友们：

周末有一项"说一说、画一画，写一写"的作业。大家可以引导孩子把自己觉得最有意思的事情画出来并口述，大人帮忙完成记录。

请大家注意以下几点：绘画不要求有多完美，能通过图画把自己的想法表现出来就好。"说一说"部分力求真实，孩子对老师、对家长的喜欢、惧怕、讨厌都可以写，对同学的不满、埋怨也可以写，只要是孩子想说的真话，都热烈欢迎；重要的一点，孩子们怎么说的，家长们就怎么记录，确保记录的原生态，一定不要"帮忙"修改。这样做，一是为了解孩子的语言表达基础，更重要的是培养孩子的真话意识。真话意识是写作的第一意识。我们现在做的，就是为孩子将来的写作打基础。让孩子意识到，把自己想说的真话写下来，就是"作文"。

第一次"写作"，很多孩子写了我。他们写"张老师生气的时候会火山喷发"，我把此类真话文字拍照分享在班级群，并附上自己的见解：

刚刚分享的写话日记，是我觉得比较符合儿童特点的写话。它们来源于孩子的生活，是属于孩子自己的语言。

我把每一次写话分享都当成一次渗透作文理念的机会。班级群成了沟通的平台，也成了我的宣传窗口，我不时渗透儿童作文的理念，为了早日和家长站在同一战线上，形成合力，更好地引导孩子走上写作之路：

亲爱的家长朋友们：

写话日记坚持了这么久，孩子们很感兴趣，总是暗中较劲儿，比较印章的多少。这是让人很欣喜的状态。为家长朋友们的坚持和优秀点赞。同时，有以下几个方面提醒大家：

一是要鼓励孩子关注自己的生活小事，比如谁摔了一跤、被老师批评了、没拿到红领巾很失望、晚上尿床了、吃了妹妹的面条、兄弟之间争抢东西、拼音很难读、上学迟到了等这些发生在学校或家里的小事情。不要一味"制造"写作的素材。要渐渐让孩子明白，生活中的很多小事都可以写进作文。写作就是记录生活、表达情感。

第二，要鼓励孩子写"不一样"的事情。上次在班上分享了陈俊彦的"秘密基地"，今天就有了一篇类似的秘密基地。孩子喜欢模仿很正常，家长们在孩子动笔之前要鼓励孩子想一想，人家写过没有，张老师在班上分享过没有，如果写过，分享过，就鼓励孩子换个思路。

第三，家长一定不要给孩子灌输你认为好的"写作技巧"。儿童写作跟成人是完全不同的，不要过早指导孩子的作文。家长们一定要保护孩子的"原生态作文"。儿童作文，"有意思"比"有意义"更重要。

一次一次交流分享后，家长们大概了解了儿童作文应有的样子。渐渐地，他们喜欢上了真实的儿童写作，不时在群里聊着孩子们的文字。

有幸得到管建刚老师的新作《儿童作文与实话实说》，我第一时间分享在微信群，告诉家长朋友感兴趣可以读一读，对于了解儿童作文挺不错。家长们买了，我自己也有两本，给家长借阅，他们渐渐接纳了儿童作文的理念。有孩子写日记说："爸爸不让我写这件事，我偏要写，就是要告他的状。"

家长的宽容，给孩子的真话意识提供了良好的土壤，也为我们的《周报》活动顺利开展提供了坚实的基础。

我以为，真话意识真正在家长和孩子们心中生长起来。

（二）

又到收稿日。

陆陆续续发来的稿件里，写L的最多：

好 好 笑

我觉得好好笑，张老师准备收拾余佳岳，忽然L高叫要看好戏了。张老师很生气，就把余佳岳给放了，来收拾L。张老师说："L要看戏，那今天我们就来看他的戏。"我们连说好。L好惨，我笑了很久，可真把我笑坏了。看L还得意不？

老师和L的战争
刘政宏

昨天，张老师把L拉到了门外，L在那可怜巴巴地哭，那时把我笑死了。张老师气冲冲地说："给我去12班！"吓死我了，我可不会像L那样，上课还说话。但是，我还是要好好学习，认真听讲，天天向上，做个好学生。

L屁股开花记
范宸语

今天早晨我背着书包去上学，刚坐到自己位置上读《中国民间童谣》，听到一阵声音，吓了我一跳。我抬头一看，原来是 L 迟到，被张张拉着去 12 班。下午他看见同学写话日记里写了他迟到的事，他就打了几下写他的同学。张张发现了他打人，用尺子打在了 L 的屁股上，让他尝尝屁股开花的滋味，哈哈。

……

我一边看，一边笑。一年级的小毛豆儿，能写出如此有意思的文字，我洋洋得意。

这时，小班群里跳出了一张图片：第二小组的小朋友，有好几个人的题目与 L 有关。我也凑个热闹，发了两篇截图在小班群，附上一句"L 成网红了"。这时，L 妈妈在群里发言了：

个人认为还是不要这样，我们孩子回来哭了很久，我做了好几天的思想工作。

出问题了！

这事还得从上周说起。

我从孩子们的写话日记中了解到，好几个孩子不想写日记，因为他们不知道写什么。我想摸摸孩子们写话的底。从《周报》上来看，孩子的写话水平真不错，不过受疫情影响，孩子的作文都是在家里完成的。虽然一再提醒家长们不要干预或指导孩子的写作，但从孩子的日记中捕捉到一些信息，还是有一些急功近利的家长，对孩子的作品进行"二度创作"。

我决定给孩子的日记"断奶"，要求他们在学校完成写话。我套用了高年级的引导方式，一边给孩子制造素材，引导学生观察生活，渗透"生活即素材"的意识，同时现场师生同写，我写完之后马上朗读给孩子听。

多数孩子拿起笔来认真地写着，忽然有个小朋友在位置上摇晃凳子。我请他到讲台前，想吓唬他一下，同时给孩子提供一个现场的素材。这时 L 嚷着："看好戏喽，看好戏喽！"我立马抓住这个时机，把矛头指向 L。于是就有了前面那几篇有意思的文字。

在这之前，我从来没有想到过，这样的写作，会伤害到孩子的自尊心。家长反映孩子回家的状态之后，我有些蒙了。

之前的班级，孩子们都特别喜欢这类"互扒黑幕"的作文，在班级里分享也是笑声不断。

刚刚毕业的六年级里，那个让人又爱又恨，并自称是张张"爱宠"的为为，是很多人"口诛笔伐"的对象。可是一点不妨碍他在班级的人气，也不妨碍我对他的喜欢。以至于他毕业后进入中学，不适应新的环境，在深夜给我发短信、打电话，会因为错过了跟我聚餐的机会而伤心哭泣。得知孩子哭了的那一刻，我在电话这头，也因为感动而流泪。

真话，让我跟孩子之间收获了最坚固的信任。

我把班里这个看上去大大咧咧的一年级小朋友当成了第二个为为。我在"制造故事"的同时，引领孩子抓住题材，就有很多孩子写了 L 这件事。

可是，我忽视了 L 不是为为，他仅仅是个一年级的小朋友，他在高级知识分子家庭里长大，爸爸妈妈对他的要求较高，他因为自控力不足，在家里得到的否定比肯定多，他特别想得到大家的认可，而不是"讨伐"。他是个敏感而脆弱的小男孩。那天，他回家很伤心。

（三）

我意识到自己在引导上出现了偏差。

跟 L 妈妈坦诚交流了事情的始末，一再表示了歉意。L 妈妈表示理解，也没有责怪我的意思。她很真诚地讲述了自己的想法，不是因为顾及面子，是担心班级形成一种舆论，担心自己的孩子被孤立。以我的带班作风，我相信不会出现一个孩子被孤立的状况。一个班的班风，是老师影响出来的。连班里"最差"的孩子，在正确读出一排词语之后，全班孩子都会自发地鼓掌。我对这群孩子有信心，他们的世界，还没有"有色眼镜"。

不过我依然陷入两难的境地：这么多写 L 的文章，到底怎么办？录用还是放弃？放弃吗？对其他孩子来说，不太公平。同时，也跟"真话意识"的培养相悖：老师不是让我们写真话吗？可是我们写的真话怎么一篇都不发？以后，或许还会出现更犀利的文字，到了高年级，写男生喜欢女生、写老师"大打出手"又该怎么处理？录用吧？对孩子的情绪会不会造成伤害，家长会不会有意见？同为教育人的 L 家长，他们也有自己的教育观，他们的思维方式跟我不一样。这件事情的主角，是他们的儿子，我应该了解他们对这件事情的态度，因为，最了解 L 的人，一定是他们的父母。

我进一步跟 L 妈妈交流，谈了谈我的想法。

我想发一部分写 L 的文章，同时我在后面发一段引导性的文字，引导正确的班级舆论。下一次的写绘日记，我引导孩子们专门关注 L 的优点，鼓励孩子们，写 L 优点的文章优先发表。同时，我的下水日记也以 L 为主角，写一写他的优点，全班朗读，让他再当一次正面人物，找回尊严感和荣耀感。

L 妈妈觉得这样做太刻意，担心一夸孩子，他又得意忘形了。L 妈妈对孩子比较严格，生怕他一表扬就飞起来。我真诚地发表了自己的看法：孩子总归是孩子，得意的时候压一压，低落的时候拉一拉，让他们在跌跌撞撞中成长，走向坚强。孩子不是靠批评打压变好的，要不断唤起孩子向善、向好、向上的意识。不过，我依然决定尊重 L 爸爸妈妈的选择。了解到孩子爸爸不知道这件事，我建议她跟孩子爸爸谈谈，看看孩子爸爸的态度。在沟通快结束时，我真诚地感谢 L 妈妈，感谢她坦诚地反馈了孩子的状况，让我的教育可以少一点遗憾与伤害。

一早醒来，看到 L 妈妈发来的消息：

夜不能寐，刚和他爸爸交流了这个事情。他爸爸觉得孩子心理健康很重要，一是怕其他同学排斥孩子，二是怕孩子产生报复心理，三是怕有不明事理的家长以此找茬。所以我们还是恳请张老师，这期的班报，不要出现孩子的事情，不让这件事情继续发酵。另外，也不要再提起这件事情，就让这件事淡化下去吧，拜托了。

我平静地接受了 L 爸爸妈妈的建议。我理解，真话作文需大家的宽容，需要给孩子的真话营造一个良好的土壤。可是，面对一篇篇写自己孩子"坏话"的文章，家长有担心、有顾虑也是正常的。为人父母，苦心难负。这个故事也让我意识到，保护孩子的真话意识，还有很长的路要走，是我太过心急。我，作为一个作文教学的实践者、研究者，对真话意识的理解比较深入，对孩子的真话也有比较强大的接受能力；但是家长不一样，他们是非专业的教育人，他们的想法或许有不同的角度。我要充分考虑到"真话作文"可能会出现的各种情况。真话意识的良好土壤，需要时间慢慢酝酿。

（四）

意识到这一点，处理孩子们作文的时候，我多了一个心眼。遇到类似的真话作文，我会仔细斟酌，对于有火药味的文章、涉及孩子或家长面子问题的文章，我会私发给家长，了解他们的想法，结合自己的理解跟家长做进一步的沟通，确保不会引起不必要的误会再公之于众。

小小米被罚了，写了篇很不错的文字：

今天好惨啊

今天我正坐在板凳上，陈计云皓一下子凑了过来说："我们来扔衣服吧。"我一下子来了精神，说："好吧。"

我们玩得正起劲，突然，张张老师说："李晨希和陈计云皓站起来！"我当时吓得汗流浃背，我想，要干什么呢？

老师又像昨天一样让我们上讲台。想不到的事情发生了，张张老师把我们请到了门外，她先让陈计云皓往左走，又让我往右走。我这才发现，陈计云皓往左走是去12班，我往右走是去10班。我跟陈计云皓都走到门口，都不敢进去，突然沉默了下来。

同学们都在安安静静地写"写绘日记"，只有我和陈计云皓冷冷清清地站在外面。突然，余佳岳出来叫我们进去，但我们都不敢动。过了半天，我们只好硬着头皮走进了教室。

张老师说："你们今天把这件事情写下来，写得好，我就原谅你们。"

啊，今天好惨呐！

我跟小小米妈妈沟通，她欣然接受了"上精华版"的提议，还颇欣喜地发了朋友圈："小小米违反班级纪律，被老师逼迫写作文。感谢老师，激发了孩子的潜能，让一年级的小小米居然能写出如此有水平的作文。"

跟家长私下交流，他们更能体会到老师的用心和真诚，也更加了解真话作文的意义和价值。一次一次之后，提及真话作文公开的话题，他们更加理解和支持了，直接告诉我："张老师，你不必征求我们的意见，您觉得可以发就发吧。事情那么多，您还这样一个一个私下交流，太用心了。我们无条件支持您的决定。"我在手机这头，会心一笑。

这样一个真话尴尬让我明白，在实践的过程中，一定会遇到问题或麻烦。遇到问题了，就面对问题、梳理问题、解决问题。L的故事，让我学会了站在家长立场思考"真话意识"的多层含义，让我懂得更加严谨地面对儿童的真话作文，让我在办《周报》的过程中，多了一些理智和平和，少了一些盲目和急躁。

第五章　被"宠坏"的老师

感谢遇见，一路有你

（一）

初见玉婷，觉得她乖巧、羞涩、讨人喜欢。来到我班，她很快跟上了大部队的节奏，我比较安心，把精力放到了其他新生身上。是每日简评，让我对她有了更多的了解——婷婷心思细腻、多愁善感，甚至有些敏感，每日简评成了她最大的倾吐空间。翻看她的简评，字里行间满满的心事：

讨厌的弟弟（一）

我在写作业，弟弟坐在椅子上不停地晃动，还向我发射"臭脚丫炮弹"，害我一而再再而三地写错。我忍无可忍："你别动，再动我就把你写进每日简评。"他一脸疑惑："什么每日简评？""就是写了老师会看到，妈妈也会看到的作文。""啊，那我岂不是出名了？哈哈哈——"

讨厌的弟弟（二）

我迎来了弟弟的脚丫子，他在我的屁股上狠狠地踢了两脚，真想拿平底锅在他脑袋上狠狠地敲两下，但我不能。因为我知道，一出手就会引来"灾难"……

讨厌的弟弟（三）

我取出书本马不停蹄写作业，弟弟在旁边玩球。桌子不停地抖动，我错字连篇，告诉他："你再弄，我就跟妈说。""切——"他用力锤了一下我的脑袋。气死我了……

玉婷在作文中多次写到弟弟，多是吐苦水。看了她的文字，我对那个调皮捣蛋的弟弟都有些爱不起来。玉婷的爸爸对两个孩子比较严格，发生矛盾，不管怎样，先各打"五十大板"。面子薄的姐姐不愿意惹来"灾难"，只好忍气吞声。

孩子的世界也"欺软怕硬"。姐姐一味忍让，并没有换来弟弟的反省与歉疚，倒是有些得寸进尺。姐姐迫不得已，递交了《辞职报告》。乍一看题目，我大吃一惊。辞职？玉婷是英语科代表，难道是工作上遇到烦心事了？我得好好看看，开导开导。可文章内容，让我哭笑不得，也不得不佩服，这作文题目别有深意：

我想要辞职

真的，我特别想辞职。（先声夺人的开头一下子勾起了我的阅读兴趣）

我不想当姐姐了。当姐姐要时时刻刻做好弟弟的榜样，背负所有的错，考试不能考砸，一砸就辱了"姐姐"的名号，当众被人骂哭了，更是颜面扫地。

没错，这个姐姐就是我。弟弟做错了事，都是我承担。当着大人的面，我总是小心翼翼，怕被骂、怕受委屈，怕被嫁罪……

好东西被弟弟抢占了也不敢吱声，如果不给，他就乱骂一通。我想辞职，不当姐姐了。当姐姐真的太累了……

像这样因为当姐姐带给她的烦恼还有很多。一次，姐弟外加一个表妹三人去给滨江路钓鱼的爸爸送饭，玉婷提着饭盒走很长一段路，把饭盒交到了妹妹手里。巧合的是，没走两步路，碰上了来寻找他们的姑姑。姑姑是个急脾气，一看妹妹提着盒子，就冲着玉婷直吼，玉婷赶紧接过饭盒。更郁闷的还在后面：

我正想解释，一不小心盒子从我手里滑落，咚的一声掉到了地上。姑姑以为我故意的，火气冲天："你把这盒子摔坏了安逸！"我赶紧捡起来往前走，我知道，还解释的话，简直是火上浇油。

爸爸知道了这件事："你连个饭都不愿意给爸爸送，估计以后是享不到你的福了。我养个女儿有什么用？"

"我养个女儿有什么用？"这几个字深深地扎进了我的心。我是没用。爸爸，抱歉。

我久久地盯着最后的"抱歉"两个字，玉婷一脸的委屈和不甘浮现在我眼前。我有些心疼这个敏感细腻而又懂事乖巧的女孩。我陷入了思考，有时候，我们大人总把"宽容""孝顺"等道德教育自以为是地"教给"孩子，家里有二孩的家长，总是把"谦让""保护"等词挂在嘴边。现象背后，或许真的会有一些我们不了解的真相。孩子总会被我们大人无意的误解伤害。我深知，这时候站在大人的角度，去教育孩子学会宽容和原谅可能没有多大效果。孩子最想得到的是成人的理解。我要站在孩子的角度，用同理心走进孩子的内心世界，让她明白：你的委屈，我都有用心地"倾听"，这对于孩子来说，或许更有用。我在文末一笔一画写下了一句苍白的话语："委屈你了，乖乖。"

（二）

一次一次吐槽，我没有用说教的方式，玉婷渐渐向我敞开了心扉。

她的文字里，记录的烦心事多于开心事。她把每日简评写成"每日吐槽"了。这是好事。说明孩子的真话意识越来越强了。玉婷和刘香、艾希是好朋友，希希的文章《拥挤的友谊》说玉婷小气，她觉得受到了朋友的不公评价，写了一篇"情绪"简评：

……

"闺蜜"这个词对我而言极其虚假。

这学期,"小气"这个词总是萦绕耳畔。明明我在改,可你们总是看不见,总是一而再再而三数落我,难道你们没有小气的时候吗?

我不想背黑锅……

文末还有留言:

张张同志,我唯一的读者,《我们的友谊》系列将在每周二、四、六更新,敬请期待。每次阅读完后,记得给我建议哦,不然就代表你没有认真阅读。

孩子之间的事情,我们看来是小屁孩儿过家家,可是在他们眼里都是大事。三个人的友谊,会争宠,会比较,我们童年的时候也有过类似经历,我理解。不过,孩子的这些小矛盾,我不能听一面之词,况且,也没有严重到水火不容的地步,那我就看你们闹,权当欣赏"小说连载"了。

我跟孩子打起了太极:

想法太多了,清空自己,清空,清空——

她回复:你知道俺是双鱼座吗?

我:双鱼是这样的性格?

她:张张你落后了,没文化,真可怕!

呵呵,一来二去,我们越来越熟了,经常在简评本上"打情骂俏"。

连载还在继续:

我们仨依然没有太多的交集。下课各玩各的,希希跟言言玩,阿香跟"黑妹儿"玩,我就坐在位置上发呆。放学路上,凝视着她们说说笑笑的背影,我的眼睛不由自主蒙上了一层薄纱……

网上说,三个人的友谊注定不长久,我们不是说好要创造奇迹吗?我不再相信……

从文字里,我看到玉婷对三个人这段友谊的在乎与珍视。不过,好像这三个人的隔阂越来越深了。我该出面吗?我有些犹豫。经验告诉我,有了我的参与,她们三个人的事情会变复杂;可是看着三个人各怀心事闷闷不乐的样子，我也有点着急。没有想到解决的办法，还是静观其变吧。还有周六的连载，我坐等"大片"出炉，看事态发展。玉婷没有辜负我的等待，"大片"如期而至：

三个人的友谊，我终究选择放弃

"三个人的友谊，最终只有两个人走到一起。"这句话是真的，我信了。随他去吧，我不在乎。

我们三个人在一起，总觉得自己是多余的，像一个被抛弃的布娃娃，看着她们手挽手走在一起，我只好静静地跟在她们身后。我确实没什么优点，没有希希漂亮，没有她人见人爱……

没事，我退出。可是，不争气的泪珠掉了下来，你来凑什么热闹啊？我就不信，还不能把你憋回去。可是，好吧，泪珠，你赢了……

这次有玉婷决绝的留言：张张你也别劝我了，电灯泡的滋味真的不好受。

我尊重了玉婷的意见，文末留言："好吧，拥抱一下。"

我相信，时间能解决三个孩子的问题，因为，他们正在经历着一个奇妙的时代——童年。

事实证明我是对的，不知道什么时候，我又看到了三个人说说笑笑地走在一起。孩子就是这样，因为在乎而离开，又因为在意而回来。他们总喜欢悄悄猜测某人的心思，总是猜不透，总是很烦恼。她们，在分分合合中跌跌撞撞地成长。后来，几个孩子又闹掰了。玉婷洋洋洒洒写了800字左右的长文，文末又留言了：

张张我可能陷入了友谊的迷宫里无法自拔，这件事连妈妈都没有说，我已经找不到路了，需要张张指导指导，这一切都太迷茫了。

读到这里，我想起了一首歌："女孩儿的心思你别猜，猜来猜去都不明白。"孩子世界里，友谊比什么都重要，他们会比较，会吃醋，会迷茫。

163

这次，我真心实意回复了玉婷：

不管怎么说，我相信你们的"三角恋"会变成"铁三角""金三角"。三个人，开个小会，坦诚指出缺点，约定互相包容。

不知道是不是三个孩子看了我的留言，真的想实现"金三角"的奇迹，后面，经常看到三个女孩走在一起，两瘦一胖，搭配很协调。

（三）

在她们一波三折的友谊故事中，我是真诚的聆听者。听着听着，我跟玉婷的关系越来越亲密，玉婷也越来越愿意说真话。校园歌手大赛在多功能教室举行，学校规定一个班只能选十个孩子前去观摩。这可为难了我们高年级的班主任，选谁呢？手心手背都是肉啊。那天中午是数学老师的课，这烫手山芋，被数学老师接过了。我"幸免于难"，不过，后面的麻烦处理起来也颇费心思。因为，很多人对观众人选"极为不满"：

公平存在吗？这世界仿佛没有公平。有的人因为长得漂亮，赢得老师的喜爱；有的人因为成绩好情商高，获得老师的芳心；有的人因才华出众、能说会道讨得老师的喜欢。

不公平就罢了，为什么还口口声声宣扬着"公平对待每一个学生？"恐怕没有一个老师能够做到公平公正地对待每一个学生吧！张张，你也未能做到，对吗？

看，还不知道发生了什么事，一开头就是义愤填膺的控诉，这明显是"情绪作文"。这质问，老师还真的无话可说。试问，哪一个老师能够拍着胸脯说自己做到了绝对的公平，就是包青天再世，也没那底气。弄清事情再说：

歌手大赛的观众人选，红红一开头就是："考试100分的站起来！"天，这是要分数决定命运吗？三个人面带桃花地起立了。

"99分的站起来……"

五个……他们兴奋不已。

反正没有我的戏了。看着手举过头顶的同学，他们的眼神是那么骄傲，那么自大。看看张小红的脸，那么狰狞，那么刻薄。

窗外，是灰色的天空，眼泪滑落。

为什么要用成绩来作为当观众的标准？这样公平吗？公平只是个幌子，偏心才是硬道理。

我在后面写了长长的回复：

亲，感谢你的信任，把真话说出来的感觉是不是特别爽？没去歌手大赛现场观战，你很失落对吧？安慰一下下。其实，张张心里的每一个孩子，都是我的乖乖，与成绩无关，与颜值无关。但是，人太多了，那些开朗的同学天天来老师眼前晃荡，久而久之，混了个脸熟，可能跟张张的交流就多了一些。虽然我知道，永远做不到绝对公平。但请你相信，张张真的在尽力做到公平，以后也会努力的。

她在后面跟帖："当然相信你了，你永远是我最好的张张。"

我秒回："拥抱。"

我们在文字的世界里交流，慢慢的，心与心的距离越来越近。她把每日简评当做了知心的伙伴，烦恼、委屈，不吐不快。我也成了她最忠实的听众：

数学考得很差，拿到卷子已经"感动"得泪流满面，还被老师"拘留"了。

……

我孤零零地坐着，红着鼻子改题，个个都向我投来怜悯的目光。跌入谷底，头顶是灰天，坐的是针毡，这日子……

我想满足年过花甲、身在异国的爷爷的心愿；我想让爸爸妈妈的脸上放光，昂首挺胸。送自己一句名言：尽管担子很重，也得往前冲。

文后，玉婷又留言了：

张张，总觉得每日简评就是我的发泄品。将这些记录到简评中之后，心中那块摇摇欲坠的石头终于落地。写完，我再也不沉浸在忧伤的世界，将自己关进冰冷漆黑的小屋，我找到了打开恐怖之门的钥匙，不就考差了那么一回吗？从头再来就是。张张，你说是吗？记得官方留言哦。重要的事情说三遍。

玉婷告诉我，那一刻，是深夜十一点十五分。

我留言：那么晚还没睡觉，太拼了，注意身体。

在文字的世界里，我们一来二往，心心相印，越来越熟悉，越来越亲密。一次，玉婷写简评，申请帮我洗碗，还列举了选择她的N条理由，看到如此有诚意的申请书，我幸福地答应了她的请求，她把洗碗的故事也记录下来了：

帮张张洗碗

拿着张张的"狗槽"，心中洋溢着幸福。同学们看到我手中的碗，都送来羡慕的眼神。哈哈，我就是这么拽！

打开水龙头，哗哗冲洗。张张的碗，像涂了层橄榄油似的。我走回教室，用餐巾纸擦了一遍又一遍，捧起碗向办公室走去。来到饮水机跟前，接了半碗开水，小心翼翼又一丝不苟地把碗和勺子烫了一遍。消个毒，明天张张就能安心用餐了。

将碗交给张张，换来她的一个笑容，一声"谢谢"。足矣！

我被玉婷的细心感动，也被她带来的幸福包围着。如此用心的背后，承载着一个小女孩对老师的无尽的关心和喜爱。捧着刚刚烫过的饭碗，手里心里都暖暖的。

2019年的冬天，一直很暖。这暖意，来自《一切感谢你出现，致我的第二个母亲》。那些句子值得我好好收藏：

没想到张张你主动开口向我说话了："你这空气刘海长了，不好看。"话落，我还未反应过来，你那只纤细而又有几分枯瘦的手，向我伸来，翘起兰花指，指尖拂过我高高的额头，从右边慢慢滑到左边，循环了两次。我每次都微闭着眼，享受着这来得突然，来得迅猛的温暖，那一刻，我想起了妈妈。

……

张张，我的第二个母亲，感谢一路有你……

看到这篇文章，内心涌起一种深深的幸福——有这样一个女孩，不计回报地爱着我，那么深，那么真。同时，我也意识到，学生真的就是那么知足，一个眼神，一句安慰，一次简单的伸手，都有可能带给他们巨大的惊喜。跟孩子在一起，我的爱分成了六十一份，玉婷仅得其中之一，而她，把全部的爱，给了我。我不是在付出，而是在得到。

一路走来，感谢有你，亲爱的玉婷。

简评里的"爱恨情仇"

办《班级作文周报》，批阅孩子们的"每日素材"成了最幸福的时光。拿起红笔，随着波澜起伏的曲线，我的心在孩子们文字编织的世界里起起落落。那些儿童世界里的"爱恨情仇"，让人忍俊不禁，值得收藏。

(一)

孩子的世界，很单纯。他们的感情很纯真、很直接，毫不遮遮掩掩。我在他们的文字里，感受着被关心、被宠爱的幸福。

情绪低落时，有孩子们真切的关心和贴心的安慰：

张张别哭了

"张老师哭了。"我怒气冲冲飞奔回教室，找到大嗓门的为为："张张哭了，我们快去安慰一下她！"陈可为得知马上大喊："张张哭了，走，办公室去！"

……

你够累了，要处理班级里的杂事，要办理公事，还要为女儿操心……张张你已经没有时间哭了，可还是躲在阴暗的角落里悄悄拭泪……

张张不要悲伤，把不爽和委屈都随着口水一起倾吐而出。我们六年级10班，挺你！

……

这几天过得一塌糊涂。家人生病，孩子学习不在状态，各种烦心事聚在一起。受不了这一地鸡毛的日子，跟朋友聊天，她的安慰触动了我，忍不住泪流。哪知下课铃不合时宜地响起，孩子们走进办公室就看到了我流泪的那一幕。

一遍又一遍咀嚼着徐徐的简评，咀嚼着简评里孩子们对我别样的呵护，那是一种难以言说的心情——骄傲、感动、幸福，甚至还有一些小小的得意。

邓义礼写的"情书"也让我感动了一把：

张张，我给你取了许多绰号，但中意的却只有这一个。在这亲切的呼唤中，饱含了多少我们对你的爱，蕴藏了多少我们对你的念。每当亲切的呼唤声响起，心中便有了几丝温暖，因为这声声呼唤是一种无形的情，滋润着我的心田。

……

张张，我舍不得你。所以，我要在六年级下期好好珍惜你、照顾你，毕业考试时，我一定不辜负你对我的期望！这一切的一切都是因为——

"爱"……

邓邓是个高情商的"萌娃牌"心机男，脑子里总能冒出各种各样的鬼点子抢夺宠爱。下课，屁颠屁颠跑到你身后，拉着衣角以各种理由混进办公室套近乎；经常在你伏案写作的时候，送过来一包小小的坚果："张张，累了吃点坚果补充能量。"暖心的举动，瞬间消解所有疲劳。

那是第一次收到孩子煽情而肉麻的情话，也是第一次有学生敢如此大胆地向我"表白"。我很高调地在班上宣读了这篇"情书"，几个孩子醋意大发，差点掀起一场"战争"。为为非要跟小邓比个高低，他们一溜儿跑到我面前，逼问我到底喜欢谁。我真是百口莫辩，在我面前的都是"惹不起的主"，我可不敢得罪谁。

在我的眼里，每个孩子都那么可爱，我自己也分不出高下。因为他们时时处处，把一个学生能给老师的所有的宠和爱，都给了我。"抢狗槽""偷蛋糕""骗狗粮"是他们的日常；寒冷的冬天里泡一杯热热的奶茶，附上一段暖心的问候，也是他们的日常；做错了事，买个吃的"负荆请罪"，然后成功地写进简评，记录张张的"受贿行为"，还是日常。跟他们在一起的每一天，都特别有意思。

在孩子们的简评里，总能读到一种别样的情感——来自学生的爱。被一群小人儿满满的、纯纯的爱意，真切地包围着，很温暖、很幸福。

（二）

孩子的世界，单纯却简单。每一个孩子的青春，都怀揣着一种莫名的情绪，这种隐秘而美好的情感，有人选择诉诸笔端，留下永远的念想。"菜菜"，是第一个鼓起勇气表达心思的女孩儿，题目很大胆，容易引起误会遭到批评，可她还是大胆地写了：

初恋（节选）

……

好感的递进是在一个小雨纷飞的中午。补习班下课，我一个人徘徊在热闹的街头，车还没有来，天真冷啊！孤独的雨丝无力地擦过脸庞，砸在厚重的衣物上，心中身上都是一片寒意。要怎样的暖才可以复苏呢？

我听到一个陌生而又深邃的声音低沉地回荡在背后："喂！"蓦然回首，见到蒋俊杰在朝我招手。紧接着我们擦肩而过，听到他说："你冷吗？再见。"就是这简短的几个字，就是这种简单的场景，在我微微悸动的心里，变成了美好又神奇的内容。

我们都有一段荒唐又疯狂放肆的青春，闹啊飘啊，作死啊，一个简简单单的仰慕，会扯出很大的绯闻，而且白的变黑的，黑的变白的。不管你们喜欢过谁，暗恋过谁，都不重要。你需要做到，不能给你喜欢的那个人带来不好的影响，如果能够做到，青春，是可以萌动的，也可以懵懂的，因为你始终会成长，会逐梦………

每个孩子的青春期，都有一段隐秘的心事，有的选择收藏，有的选择吐露，而"菜菜"，却在幻想中保持着理智，这是我欣赏的地方。进入青春期，孩子们对爱情既憧憬又担心，对他们来说，那是崇高而神秘的，对它充满了好奇。这是成长的必然，我尊重他们的独特感受，从不因为这些事情指责他们，所以有了"菜菜"这篇富有"青春文学"气息的散文。

后来，胆大的男孩也在每日简评里袒露心声，并请求我不要将其公之于众：

不知，是否染上了（节选）

当您把她调到我身边时，一股莫名的喜悦涌上心头。这莫不是天底下最大的幸福，一切都那么美好，那么甜蜜。她的声音，如天籁之音；她的眼睛，如琉璃之珠；她的飘香，如桂花之息；她的一举一动，我觉得都含有深意。

时光过得匆匆，我会珍惜这半学期，饱含对她的喜欢，一直到毕业……

"四大金刚"之一程昨曦"开窍"了，在这个有些躁动不安的毕业季，他喜欢上班里一个开朗漂亮乐观还很文艺的女生，写了封特别煽情的情书：

初现，初见，初恋

你在小学生涯的第五年，闯进了我的世界。

你个子很高，黝黑的头发中带着一抹"金色"，脸上那两个小酒窝，笑起来十分吸引人。遇见你便成了我第一次的小幸运。

……

我来到梦寐以求的座位，看你的笑，看你的好，看你的冷静，看你的生气。

每次下课我逗你玩，每次上课我陪你笑，时光总是匆匆，快要毕业了，我不想失去……

仔细地阅读了这封情书，可圈可点的地方还真不少。题目"初现，初见，初恋"三个词语呈递进关系，一定是仔细推敲的结果。黑头发、小酒窝，小幸运，多有画面感和现场感的描写；"你的笑，你的好，你的冷静，你的生气"……一颦一笑都牵动着那个懵懂少年的心……

文字，记录着孩子们的心情，也记录着青春特有的时光。在这样的文字里，我感受到每一个少年独特的生气，独特的内心，独特的情味。

当然，孩子的文字里，更有对十班那份浓浓的深情，雨涵的文章，总带给我不一样的感动，那是一份来自于班集体的归属感、荣誉感，令每一个十班人动容：

"十班的给我上，妹儿给我冲！"何浚泓扯着嗓子。他吧，是挺毒舌，也确实很暖心："跑完之后，我第一个来扶你。"

……

拼尽全力，冲向终点。双眼一黑，只知道我扑在一个温暖的怀抱里。我不想去关心名次，长跑的确很难，但友情为我劈开了一条路。这四圈，浑浑噩噩。一路上那些呼喊，像退却黑暗的光芒。我红着眼眶，泪水不住地坠落，所有的防备都崩溃了，暴风雨后的汹涌是一份难以忘怀的感动。刘小屁哭了，何妹儿也哭了。有一群真心相待的好友，总为不如意开了美颜。

点点滴滴的小事，汇成时间长河里难忘的记忆，温暖了每一个孩子的童年。孩子们也有口是心非的时候，嘴里嚷嚷着，讨厌着做不完的作业、背不完的书、刷不完的卷子、算不完的题；他们议论着语文老师的凶、数学老师的狠、音乐老师的毒，却不允许任何一个外人说一句有关十班的坏话。他们的眼里，十班，就是自己随处可栖的"江湖"：

"六·十"班这个字眼，成了我们引以为傲的称谓……

单枪匹马来到十班，最后拥有了随处可栖的"江湖"，拥有了千军万马的力量，拥有了随风逐梦的骁勇。简评里，都是你们的小脾气、小欢喜。翻开简评，就能拾起那段时间和不愿忘记的回忆。风月无憾，你们是我青春里最美的句子……

回想起初接手这个班级，从小心翼翼如履薄冰的压力，到后来师生融洽，家校和谐。雨涵的文字也道出了我的心声："单枪匹马来到十班，最后拥有了随处可栖的江湖"，跟孩子们相处的每一天，都变得充实而又有意义。带着孩子们一路前行，我也找到了属于自己的小确幸。

（三）

不要以为孩子永远喜欢你。某些时刻，他们对我的各种"套路""惩罚"和"犯贱"恨之入骨。"四大金刚"表现得尤为突出。

特别是为为，在跟崔崔打架被扯掉裤子之后，露出了他的"夕阳红"，被我成功录像，并以此为"把柄"，时时处处威胁他"乖乖就范"时，对我是一副看不惯又干不掉，恨得牙痒痒的感觉：

张张是十班创造者，二十一世纪最贱，最坑的骨干教师。大家都叫她张张，这是一个十分庸俗的名字，我管她叫"张坑逼"或"张大仙"。她实在是太坑了，处处针对我，她做的那些事让我伤透了心。我恨透她了。

字里行间，那咬牙切齿的恨，特别有张力。午餐，我右手拿着手机，左手拎着饭碗走到汤桶面前。要打汤，手机没地儿搁，浑身上下找不到一个口袋儿。勉为其难，把手机移交到左手，夹在饭碗和手掌之间，我握着汤勺，弯下身子，伸手打汤，"扑通"一声，手机滑落，掉进汤桶，水花四溅。孩子们大呼小叫，为为很解气：

恶人有恶报

张登慧是十班的神，是每个六年级孩子的噩梦。像我这样桀骜不驯的学生也必须听从于她。

神也有失误，慧儿终于遭到了天谴，我是高兴得不得了——像她那样的人除了老天没人能降服。

……

黑妹儿传出最新情报："好消息！好消息！'张扒皮'的'苹果'掉进了汤桶了。"什么？这是多么大的喜讯哪，这就叫坏人有坏报。老天有眼，终于让那个欺负小孩子的丑八怪得到了应有的下场。

……

"同学们你们帮我捡一下我的手机。滚到汤桶里去了。"鬼才给你捡，就算你跪下来求我也不行，我受过的伤害，何止是手机掉了？

为为如此幸灾乐祸、落井下石，他对我，够恨之入骨了吧？

"四大金刚"的另一枭雄，程昨曦也写简评攻击我：

张张，你为什么如此"剑"呢？偷看我的情书，拍照威胁我，还要把情书公布在我的结婚现场。你是超级无敌大"剑"人！我恨死你了。

崔崔是"四大金刚"中最皮、最无赖的。在家里，妈妈拿他当"超级玩具"，在他的头上扎了一个又一个小辫子。那一束束直插云天的小辫儿，顶在头顶，活像一个圆溜溜的刺猬。我在崔妈的朋友圈下载了这张照片，并以此威胁崔崔："自己看着办。"他无奈之下告诉我：

妈妈就是专业挖坑的。给我扎头发也就算了，还发什么朋友圈。最气人的是张张，居然无耻地下载了我的"美照"，以此威胁，一不小心她就拿出照片恐吓我。张张，我见过无耻的，就没见过像你这么无耻的。我对你的恨，犹如滔滔江水，绵绵不绝。

跟一群孩子相爱相杀，生活充满了刺激。"四大金刚"，我"张灭霸"难道是你们的"眼中钉""肉中刺"吗？尽管放马过来！我等着。

这些嗔怪、抱怨里，包含着孩子们对老师的信任。只有足够相信老师，有足够的安全感，他们才会把心底最想说的话，毫无顾忌地说出来。要知道，不是每一个人，都有机会走进孩子的内心，阅读他们的心情。很多孩子把简评本当成宝贝，当成秘密，出门上锁，防止家长"偷窥"。

　　他们，却把这份独有的信任给了我。这份信任的背后，是满满的宠溺。我庆幸。

　　简评本里的每一句话，都是孩子们一笔一画、用心书写的心情故事，她收藏着孩子们每一天的嬉笑怒骂，她是孩子们童年生活最美的时光机。简评里的爱恨情仇，饱含着生活的温度、生命的温度、教育的温度。

我的心里，你未缺席

（一）

翻看集结成册的厚厚的《周报》，最后一期是雨涵的"诺贝尔文学大师专刊"。雨涵出了两期专刊。本来，五月底她的第二期专刊就可以出版，我刻意安排在最后，表示对孩子的肯定与重视——雨涵，用两期专刊，为我们的《周报》，画上了圆满的句号。

雨涵什么时候"异军突起"，我没有印象了。后来了解到，她的自信，来源于我不太经意的鼓励，无外乎就是在书写本上画上一个个红圈，配上醒目的"好"字。没想到无心插柳之举，居然点燃了一个留守女孩儿沉睡的自信。

想起她，就想起她试卷上傲人的分数、黑里带红的脸颊上灿烂的微笑和简评本上起舞的文字。雨涵对简评的执着、对高星的追求、对上报的渴望和为之付出的努力和坚持，让人动容。随着周报活动的深入，我对这个女孩的情感，越来越难以割舍。

（二）

《周报》活动初期，我对简评的要求不高：每天三五行，记录自己的"最情绪"事件。六年级的孩子，一不小心就超过了三五行。"不能亏待了勤奋的孩子"，我心想，顺手在特别喜欢的简评前面多加上0.5星，最高得分从3星变成了3.5星。

哪知，这小小的半颗星，在孩子们中间掀起了"轩然大波"。高星获得者瞬间成为孩子们追逐、追捧的对象，班上掀起了一股你追我赶写简评的"战争"。雨涵也成为其中的一员战将，天天写长文，她的字迹工整、描写生动，就为了追求张张的五星好评。她觉得自己陷入了每日简评的坑里，无法自拔：

……

每日简评就是个不折不扣的坑，把所有人都陷在了这个坑里。

自打张张布置了简评这项高要求高标准高难度的任务，就有成百上千的士兵一次一次发起进攻，我也像染上烟瘾的少年，中毒太深无力回天。写吧，越写越长越想越多，简直停不下来；不写吧，心不甘情不愿，这个集星比你高，那个篇幅比你长，那掌声、那赞叹，心急呀、眼红呀。左一个蔡妙欣，又一个李睿欣，天天长文、天天高星、天天炫耀，真想一个大巴掌、一个回旋踢，打得他们满地找牙。……

每日简评，你就是个坑！我入坑太深，爬不出来。

……

洋洋洒洒的两页，小妞儿还说"篇幅不堪入目"，这是准备写长篇小说吗？我一边担心着孩子们爆发的火山，不能持续喷出岩浆，一边又得意洋洋：看你们比、看你们斗，最终我们都是赢家。

我在篇末留言：牢骚发得如此有水平，墙都不服就服你。

《周报》活动持续两个月以来，简评成了孩子们魂牵梦萦的思念，甲同学滑了一跤、乙同学出了个丑，"金刚们"搞了个事，八卦们吼了一嗓子，都会成为他们的素材。他们整天睁大心灵的眼睛，寻找别出心裁的素材。某人上课抠了一下鼻孔也遭受威胁："哈哈，我要把你写进素材。"孩子们对素材的关注、对高星的追求、对表扬的期盼、对留言的渴求，都形成了看不见摸不着，却相当有力量的热情。这热情激励着孩子们你追我赶，争先恐后。没有得到理想的评分，他们失落不已，雨涵曾有这样的"惨痛经历"。

每日简评终于发了，一定要五星啊，一定要！我眯着眼咬着唇偏着头，一横，一竖，哈哈，五星有望了，好奇心驱使我加快速度。啥？又是四星！全身上下所有毛孔都散发着惊奇，四星、四星，老是四星……

"耶！耶！耶！"徐徐的欢呼声惊天动地，巴不得整个宇宙都听到。"五星、五星，三个五星哦，她扭扭屁股叉叉腰，左一个飞吻，又一个媚眼，仿佛得到了全世界。啊？什么？竟然三个五星？天暗了，花蔫了，心碎了！

看到如泣如诉的文字，心软如我，怎么舍得让孩子继续伤心，大手一挥打下"5星"，顺便赏个留言：该来的，总会来，死等！

梦想成真的雨涵，又激情澎湃记录了成功的欣喜：

……

愁眉苦脸打开本子，5.5、5.5、6又是一样的结果。好像不对？擦亮眼睛仔仔细细观察："6"，一个鲜红的"6"！那饱满的圆圈，那弯曲的弧线，简直好看得不要不要的，总算对得起我那整天在电灯泡下熬夜的双眼，总算有脸再见江东父老了！我扭扭屁股，扭扭腰。同桌的奚落声变成了一脸惊呆的表情，崔崔轻蔑的眼神变成了连绵不绝的掌声。哈哈，我成了第四个与"吉尼斯世界纪录"持平的保持者……收下你的五体投地，但也请你收起羡慕的眼神去努力。

雨涵的简评，又一次得到了六星好评。文末那句"收下你的五体投地，但也请你收起羡慕的眼神去努力"说得真好。每一个看似风光的"高星简评"后面，都凝聚着辛勤的汗水与永不服输的斗志。就这样，雨涵在简评里记录生活的每一天，或幽默的打趣、或撒娇的嗔怪、或青春的懵懂、或学霸的不易。她的简评也一直保持着不错的成绩。她依旧会在简评的末尾，撒娇讨喜求好评：

满满的诚意啊，高高抬贵手，赏个六星，我对你爱爱爱不完。

六星，常回家看看。

跪求"7星"。

我一般会遂了她的愿，偶尔也调皮一回，在"张张，看我如此勤奋，请打6.5星吧，多个0.5，他日好相见"后给她留言："如此勤奋，必须打6星，'贱'笑了！"那一刻，我在办公室一边坏笑，一边想象着雨涵看到留言之后的表情。

学期结束，雨涵写完了六本简评本，装帧在一起，成了一本厚厚的书。假期一个月，身为学霸的雨涵奔走在升学考试的路上，赴了一场又一场考试，进了一趟又一趟补习班。累字当头，雨涵依然写完了一个本子。她对每日简评的热爱，来源于勤奋，来源于坚持。

（三）

雨涵对简评执着，对上报更加渴望。《周报》活动启动以来，雨涵连续三周上报，理所当然成为第一批"作文新苗"。《周报》不是优等生展示的舞台，而要搭建学生共同参与的平台。班级人数众多，优等生的文字舍不得不发；中等生的文字，进步很大，也不想遗落；后进生，蹲着八字脚写出那么四五百字，已经极限突破，不能放弃；在一定程度上，《周报》更要为后进生让路。思量再三，还是决定对优等生忍痛割爱。好不容易逮着了雨涵的小尾巴，她进入了我的"被落选"名单。这帮孩子不好哄，让他们知道自己"怎么死的"，才会"死"得心服口服。为了安抚她受伤的心情，我假装善良地帮她修改了文字，并请她到办公室，分析原因。没有上报，对于雨涵来说，可算一次不大不小的伤痛：

"小小"的伤痛

兴致勃勃地去办公室，"袁雨涵，你过来一下！"张张严肃地说。一定没什么好事。"恭喜你,作文成功被 out 了。"啊,我心头一颤:糟糕,糟糕,这下爽了。心像是被一把锉刀残忍地割开,又像是全世界最苦的蛇胆在肚子里翻腾。

......

更难过的还在后面呢。"袁雨涵,作文本拿来。蔡妙欣的也拿过来。"哎,一看就是对比了。"反面教材"的滋味好好享受一番,让嘲笑声来得再猛烈一些吧。张张翻开"菜包子"的作文本,哇,全是便利贴,红笔的修改看得一清二楚。再翻翻我的作文本,没有多少修改,有些还是"老张"出手相救的。

今天这事给我留下了"小小"的创伤,但凭我的修复能力,明天依旧傲娇、依旧开朗、依旧自信。成长不就是这样吗,在跟跟跄跄中奔跑,在跌跌撞撞中强大!

看到这篇文章,我不得不佩服自己的"英明",要不是"不怀好意"地帮她修改,要不是拿她的作文跟蔡妙欣的作对比,雨涵哪会心服口服接受落选并坦诚面对。最后那句话,一下子走进了我的心里,是的,孩子们太需要这种越挫越勇的志气了。我在那句话下面重重地画了两条波浪线,认认真真写下四个字:"入选慧言"。

一次的失败,浇灭不了孩子对上报的渴望。时隔一周,雨涵的作文《终于等到你》成功在《周报》露面:

终于等到你

激动人心的时候快到了,"张灭霸",你可要助我一臂之力啊,本姑娘已经两期"光荣落榜"了,吴代荣、黄德喜(学校主任)、杨清军(校长)、老舍、鲁迅、管建刚(我的偶像),快快让张小主宣布:"袁雨涵作文成功登上 A 版,掌声鼓励!"

梦做得太早了，我的本子呢？哦，在这儿。"上报上报！一定要上报！"翻开本子，耶耶耶！红色的"终选录用"出现在我的眼前。袁家的十八代祖宗，我回家给你们烧高香。我挺直了腰板儿，扬起了下巴，叉起了双手，果然上《周报》的滋味，就是那个biu倍儿爽。终于体会到李康炜重夺荣耀的扬眉吐气。

小袁还不忘讨好："感谢张张搭救之恩，小妹不胜感激，端茶倒水尽管盼咐，绝无二话。"

当学生体会到写作可以带来荣誉和尊严，他们的内心被写作的幸福感浇灌的时候，会千方百计调动所有的"人脉"、所有的能量、每一个细胞来写作。孩子写作的激情被最大限度地激发，就什么都不是问题。写作，带给他们的，是酣畅淋漓的痛快，是"衣带渐宽终不悔，为伊消得人憔悴"的甘之若饴。

一天深夜，迷迷糊糊中听到手机响，懒得看信息。第二天一早，发现是雨涵十二点发来的专刊稿件，她说："张张，终于在十二点之前的最后一分钟，录完了'诺贝尔文学大师专刊'的稿件"，后面跟了一个瘫软的表情。就这样，她成了班级第一位"诺贝尔文学大师"。我举行了一个小小的庆功会，买了小小的蛋糕，插上了表示第一的数字蜡烛。那一刻，她在烛光里的笑脸特别美丽。照说她可以停下来喘口气，可她依然持续着热情，坚持天天写，每天写长文。那次她问我，如果我又集齐了稿件，还可不可以出专刊？我答："你敢写，我就敢出！""好！"她利落地走出办公室。一个月，雨涵很快又集齐了专刊的稿件，我一直压着没有刊发，我想留到孩子们毕业前的最后一期。我想让大家记住，这个出了两期专刊的超级勤奋的女汉子。

（四）

孩子们一天一天地写简评，我一周一周地办《周报》。孩子们对作文的热情越来越高，甚至连班级的凝聚力也越来越强了。

孩子们对运动会的积极性很高。十五人"8"字长绳、十人十一足、三十人团体接力赛的校纪录，都由我们班保持。倒不是因为他们有多优秀，据我观察，成绩不错的原因在于，孩子们团结合作。很多集体项目，他们自己组队、训练，练得差不多了，我只去验收，顺便指手画脚一番。二三年级，运动会开完之后，我会指导孩子们写作文，他们都摸熟了我的套路，虽说也写得不错，但是作业和自由习作的感觉，是很不一样的。办《周报》后，不需要我提醒，孩子们自会在运动会中寻找素材，而且会挖空心思琢磨，写什么才不会和别人"撞车"。可是那天，依然有很多人记录接力赛转败为胜的惊险刺激。他们觉得，这是一次值得被记住的经历，就算是"撞车"，也值。因为，"十班"在他们的心目中，是个代名词，是一段永不退色的回忆。他们愿意为十班留下属于我们的，共同的，独家记忆——用文字。

雨涵的简评本里，随处可见这样的文字：

单枪匹马来到十班，却拥有了随处可栖的"江湖"——回首发现，点点滴滴都是你们。

"十班"这个字眼，似乎成了我们引以为傲的称谓。

2018年的最后那个夜晚，很冷，飘起了雪。雨涵在这个特别的日子里，用文字表达对十班最独特的情感，很暖：

2018年，哭过、笑过。运动会上，为了那个第一名，拼尽全力，眼看着胜利渐行渐远，我们着急得哭了出来；又因重夺荣耀，拿回第一，相依拥抱，破涕为笑。为了数学成绩破天荒考88分，默默流泪，又为了朋友的暖心安慰，再次绽放出笑容。为了一个小误会，泪流满面，倍感委屈；又为了一句真挚的"对不起"开怀大笑……

因为十班，我的2018年更加灿烂，更加美好！

这是雨涵在2018年的最后一天，写给自己也写给十班的最美的情书。我在她的简评本上留上连绵不绝的波浪线，而她的文字，在我的心里，亦泛起了不绝的波澜。这文字，美到想哭。那天，每日简评的得分，又创造了新的"班级吉尼斯纪录"——7星。我留言：传电子文档。这篇简评直接录用了。我想把这篇文章放在《周报》上，作为孩子们成长的见证。

回忆会淡忘，照片会褪色。文字，随着时间的沉淀，愈显珍贵。六年级下学期，总会有那么几个多愁善感的女孩子，想着即将到来的离别。班级里不时飘来一缕缕愁绪。这时候，他们对简评、对《周报》的情感更深了，特别是雨涵，她把简评当成了亲密的朋友、心爱的宝贝、最美的行囊：

最美的行囊

简评，是个让我忧、让我喜的"倾诉对象"，就算时光将记忆沉淀，它却在蓓蕾里守住烦恼，守住记忆……

我在笔下还原过场景，也吐露过心声。偷偷摸摸"逃饭"，被老师批评；在简评本上大吐苦水，抗议学校的饭菜难吃；朋友轻蔑偶像，在每日简评上有力反击，小心回怼；升官儿当班长，结果降不住那群"熊孩子"，在每日简评里进行无声批评。

为了每日简评，愿意熬夜熬到11点，愿意每天坚持，愿意写到双手抽筋。3星、4星、5星、6星到7星；半页、一页、一页半、两页到两页半……就像张张说的那样："因为热爱所以坚持，因为坚持，所以更加热爱。"在简评里写下不敢说的话，留下不愿想的事。将它埋藏心里，成为独家的秘密。和同学们悄悄比拼，今天写了多少；明天准备写什么；张张的留言是哪些；又或者是得了几颗星。

也许真的像张张说的那样，当你长大成人变得成熟冷漠，翻开儿时的简评，它会唤醒你心中的美好，因为那是你成长路上最美的行囊……

看到这样美丽的文字，我幸福地写下留言：美到想哭的文章，好好地保留！

（五）

雨涵，一直是我心目中的学霸，因为文字我对她的印象变得日益深刻。作为语文课代表的她，经常流连于办公室，跟她的交往变得多起来。我们的关系也变得随意，我偶尔叫她"非洲黑妹儿"，她偶尔打击我不会搭配，随处装嫩。我们多数时间以"互怼"的模式相处，我素来不知道，这个时时处处和我"对着干"的女孩儿，她的心和我贴得如此近：

沿着回忆，狂奔向你

在心里，有一个位置是让我又爱又"恨"的张张专属，无人打扰。

……

不知什么时候，有一个人成了我念念不忘的期待。惯性地想着她在干什么？偶尔会想起她火山爆发的愤怒，想起她大汗淋漓的狼狈，想起她开怀大笑的直爽，想起她潸然泪下的柔软……"张张"、"灭霸"、"扒皮"、"猪蹄"、"大仙"、"脏脏包"，都是对她不变的喜欢。陌生的张老师，固定的"慧心一笑"，还有最爱的张张都是你。

每日简评，有你的留言便很知足；与你开玩笑，被你"体罚"表面不愿意，转身便成了炫耀的资本。访问你的QQ空间，被你发现也是狂喜一阵。你每天的文章我都会读；推荐的好书我也会看；你的朋友圈，我很少点赞，却从未缺席。我们的童年，你用《周报》封存；你的点滴，我用文字收藏……

每次期末寄语都存在心里，"人生是一场马拉松，一时的成败没那么重要""他人的长处，我们应给予掌声""老师感谢你""我为你自豪"……我在努力，朝着你所说的那样去靠近。

……

我在闪烁的泪光里看完了这篇文章。沉默良久，我留言给雨涵：

这篇文章，我不想打星……

感动到泪流满面。只有你，能读懂我的严厉，我的撒娇，我的怒气；不管凶狠还是不可理喻，你总是对我不离不弃。

其实，我没有你说的那么好……

感谢你每天读我的文章，尽管很粗糙；感谢你看我推荐的书，尽管有的不是那么有趣；我的空间、我的朋友圈，永远欢迎你！

时间是个残酷的小偷，他无情地偷走了我们的时光，把我们带到了毕业典礼的现场，雨涵作为学生代表发言：

……

不变的六（十）班，依稀能听见朗朗的读书声。往事一幕幕，最初的简评，是我们倾吐心事的地方，记录了一阵阵欢笑、一丝丝烦恼；最好的《周报》，也定格在了72这个美妙的数字。以后，不会有讲评课、不会选佳作、不会有刊用卡，唯有记忆和思念。

……

雨涵讲话完毕走下发言席的那一刻，我等在后台，一把拥抱着她瘦弱的肩膀，泪流满面。她拍着我的背："不要哭了，不要哭了，我们会回来看你的。"

我的泪，更加汹涌了……

185

我是被"宠坏"的"孩子"

（一）

"小屁"真名刘家瑜。家里人通常叫他"刘小屁"，我觉得好玩儿，也这样叫了。叫着叫着，发现还是不够表达对他的喜爱，干脆丢了"刘"字，直呼"小屁"。

"小屁"是个乖巧的男孩儿，眉清目秀、唇红齿白，有几分女孩儿的柔美。

小屁，他是个比女孩儿还细心的"暖男"。

相遇的五年，我一直享受着他细心的照顾。

二年级，孩子们在教室里吃午餐，班主任需要给学生分发饭菜之后才吃饭。快分完饭菜时，我叫小屁去办公室帮我拿碗。那是个冬天，阴冷阴冷的，接过小屁递过来的碗，居然热热的。我问怎么回事儿，他答："张老师，我已经用开水烫过了，你可以放心打饭啦。"那碗上的热，一下子传到心底。我微笑着夸他细心，说着谢谢，他微微一笑。第二天，我埋头打饭，结束时，他又递过来热热的饭碗。后来，替我和数学老师取餐具成了他的"专属"。

三年级，就餐地点转移到食堂。运动会上，我跑前跑后，一会儿给孩子们加油，一会儿张罗着通知孩子到比赛地点，一会儿管理秩序，比上课还累。比赛结束，我慢吞吞移步到教室，筋疲力尽。孩子们已经去食堂了。我一步一步挪回办公室，瘫软在椅子上一动不动。桌上的碗不见了，四处望望，依然没有。算了，反正累得吃不下。我钉在椅子上无法动弹。不久，小屁来了，他把碗递到我手上，里面的饭还冒着热气。刚刚参加完

186

50米和200米决赛的他，比我更累。那天的午餐，格外香。

临时有事离开，中午没来得及回校，买一桶方便面凑合。走进办公室，发现桌子上放着一碗饭和一盒牛奶，还有一张纸条："一上午没有看到你，不知道你吃了午餐没有。如果饭菜冷了，喝牛奶吧。"这是小屁的字迹。我看着那碗凉掉的饭菜，看着牛奶盒边小小的纸条，幸福占满心房。

放寒假了，半月后在街头偶遇小屁。他从兜里掏出来一颗精致的网红星空棒棒糖递过来，"这是我做的"，他望着我一脸的甜蜜。小屁妈妈打趣道："呵，棒棒糖都舍不得给妈妈吃，看见张老师就不一样了哈？"小屁妈妈笑眯眯地告诉我："听说在学校还天天帮你洗碗哈？在家里我叫他帮忙，哼，没门儿。这儿子像你的儿子啦。"我笑着说："好啊，我带回去。"我看了看旁边的小屁逗他："你觉得张张瘦了吗？""瘦了，好久没吃我们带给你的香肠，不瘦才怪。"

呵呵，这个小鬼头。

小屁抢着给我洗碗，为此差点受伤了：

……

和李康炜一起去洗碗，走到三楼的时候，左脚一不小心踏空了。为保住张老师的饭碗，我迅速转身，想背面着地。可失去重心，右脚一滑，左脚被梯子的棱角刮到了。我迅速提起左手，张老师的碗不会摔下去，可这样的后果就是左脚刮伤了一大块皮。我忍痛站起来，摸摸受伤的左脚，一瘸一拐地走下去。

……

看到这些文字，我既感动又心疼：

乖乖，给你一个拥抱。老师的碗一点也不重要，你的安全才是最重要的。看到你受伤，我很难过，也很心疼。你好些没有？

课间看了他的伤，红色的擦伤开始结痂，不是很严重，我忍不住责怪他："你这个小傻瓜。"他像个小媳妇儿似的一脸委屈，我忍不住捏了捏他肉肉的脸蛋儿。

（二）

《周报》活动开展以来，小屁热情高涨。简评内容多与《周报》有关。他的喜怒哀乐，常常跟《周报》连在一起，每周一稿落选了，他诉苦：

稿件本发下来，张张对我鬼魅一笑。我不懂得那笑容的含义，打开稿件本，第一页，没有；第二页，依然没有我想要的录用章。我使劲抖了抖本子，揉了揉眼睛，还是没有。我终于读懂了老师的笑，痴痴地傻站着……

窗外的风悄悄地吹着，我仿佛看到那个一脸失落的孩子，默默无语。每次终选录用，我都很纠结，这个孩子改得很用心，那个孩子进步也很大，这篇文章写出了真情实感，那本作文有新的突破……版面有限、人员众多，每次终选，再三比对，还是难下狠心。我害怕看到他们失落的眼神，更不敢面对他们情不自禁的眼泪。我一面感到愧对孩子，一面又希望他们经受住这样的考验——越挫越勇，才是"真爱"。上报的快乐，他很快就忘；落选的痛苦，他成倍放大。写了一系列文章吐槽：

作文没有退步可讲

张张宣布了一条死令，让我的作文永世不得翻身，我气得火冒三丈！

张张宣布："我把上报规则改了一下，这一期拼手速失败的，下期不再优先刊用，留到月底，看我的心情决定出不出增刊。"此时我真想霸气地站起来，一把拎起张张的衣领，用拳头恐吓她："还这样吗？"可我只能在她听不到的情况下，嘀咕几句，发泄一下。为什么上一期拼手速失败的同学，这期可以优先录用，到了我，就不行了呢？为什么我的三连录，就只有一张"刊用纪念卡"？真想大喊一声："为什么哟！"还要看张老师的心情加刊，如果心情不好，那我写的作文不就废了吗？规则随便改，便宜前面的，苦了后面的。张老师，你的良心不会痛吗？

历经千辛万苦写出来的作文，如今成了一张废纸。越想越心酸，越想越窝火，真是欲哭无泪呀，我十分气恼张老师的"随心所欲"。作文被选上是一种荣誉，我从60人中杀出重围，现在却什么也不是了！身体有99%的细胞在抗议。

反对暴政，支持良政！

最后八个字，他用特大号的字体，加粗加黑，后面加上大大的感叹号。只为发泄难平的愤怒。作文活动开展以来，我一直把真话意识看做写作的最大技巧，常常鼓励他们写真话，写内心喷涌的话，他们文字里的批评、指责，甚至"丑化"，我照单全收。我相信，孩子能没有后顾之忧地写，一定是老师提供了真话意识的土壤。看到小屁的文章，我没有生气，反而有些得意——孩子如此放肆，说明他对老师有足够的信任，字里行间表现出来的，对作文的欲求不满、欲罢不能，更是可遇不可求的。没有我的随心所欲，哪来你们的硝烟弥漫。你们争，你们斗，你们"打"得越激烈，我越高兴。

为了杀出重围，小屁又在写作形式上寻求突破。他给一位神秘人物写了一封火辣辣的情书，控诉她的"无情无义"：

……

你是个薄情郎。班上掀起一股追捧你的热潮，个个把你当成偶像。原本你早已和我成了亲密朋友，可后来，你喜欢上了俏皮可爱的蔡妙欣、老实憨厚的李康炜。醋意大发的我成了为爱挣扎、为情迷失的"小女孩儿"，你竟然没有看过我一眼……

你还是个负心汉。许多人都疯了似的追你，那时我才知道，什么小三小四都是轻的，小十都有了。我也从一个单纯的"小姑娘"变成了宫斗剧娘娘，想着怎么拼题材、比技术、论实力。我与同桌斗智斗勇，跟李康炜耍心机，可你却把我晾在一边……

作文，写一篇情书是我最后能为你做的。我会在最初的地方等你。

你依旧——是我的。

读到最后才明白，小屁写的情书，是给作文的。他对素材的用心研究，对上报的强烈渴望，简直到了痴迷的程度，他跟同桌比赛，跟自己较劲，不达目的誓不罢休。

《周报》版面紧张，同时为了激励孩子们快速完成文字上传，终选录用之后还需要"拼手速"，小屁爸爸妈妈是中学老师，需要上晚自习，小屁用不上手机，这拼手速，就成了孩子上报的一道坎儿：

……

回到家，立马拿出作文本，等着爸妈。只要他们一回家，我就抢过手机，编辑文字马上发给老师。哈哈，直接上报！爸妈来电话了——

"幺儿，我晚上不回来吃饭啰。"我的心凉了一半。"那，爸爸回来不？"

"他也不回来。"这句话犹如晴天霹雳，我焦急地叫起来："不行啊，我要传文档。我不想上增刊，作文要等一个月才上报！"

"那你给张张打个电话，让她给你留个位置吧！"

"不行，《周报》是大家的。"

妈妈想了个折中的办法："张张还没有下班，你到张张办公室传作文吧。"

我到校门口凝望，张张的红车车还在，一阵窃喜……

为了上报，小家伙费心劳神，披着夜色来学校找我帮忙。回看这些记录，我想起了那个傍晚，他来到办公室，借用我的电脑上传电子文档时，一面焦急地打字，一面埋怨爸爸妈妈耽误他事情的委屈。灯下，小屁对着稿件本，一字一句，敲击键盘的样子那样认真，那样投入。孩子对上报的渴望和执着，深深地打动了我，也坚定了我坚持办报的想法——因为你们的热爱而热爱。

（三）

　　不知从什么时候起，班里孩子爱上了"争宠"。因为《周报》，我跟孩子们的关系更加亲密，总有那么几个嘴巴抹了蜜似的孩子，一下课就围过来问东问西，撒娇卖萌。我的身旁，左一个为为，右一个邓邓，还不时插进来一个崔崔。孩子们很在意自己跟老师的距离，别人近了，自己远了，看在眼里，醋在心里。小屁，也记录了那一段时间的争宠历程：

　　　　张张的"后宫"

　　……

　　每学期班里都上演着争夺张张的"宫斗大剧"。

　　邓邓，五年级的王者，是张张心目中乖巧聪明的国宝级人物。张张一眼相中，封他为"邓嫔"，邓邓一跃成为一人之下万人之上的"宠妃"，多么大的跨度。那次邓邓的每日简评写得非常好，张张搂着邓邓，捏着他的脸："萌娃，你的作文怎么写得这么好哇?"邓邓一脸的欲说还休。一旁的前期爱宠崔崔早就脸色难看了。崔崔，心疼你三秒。

　　张张又看上了后起之秀为为。"为为。"张张踩着小碎步上来了，对着为为一脸浓情蜜意。我的天，邓邓是步步高升，这为为，是一步登妃呀？张张，这"宠"，也该雨露均沾吧。

　　我也是酸水没处倒哇。说说本贵妃的历史，那也是惊天地泣鬼神啊。四年级，我可是一个先知。张张要干什么，我总是第一个知道并通知大家的。我可是张张的"御前侍卫"啊。可是……没时间伤心，我要去争"皇后"了。

　　……

　　我留言："每一个人，都是张张的宠妃，你也是。争宠靠实力！"

每一个孩子都渴望被"看见",那是一份被认可、被关注的需要。因为跟孩子们的关系比较亲密,他们都想得到跟老师亲密接触的机会,他们在观察中更会比较、会"争斗"。

或许是厌烦这种你争我抢的心机,小屁决定退出江湖,写文发布声明:从今儿起,我退出宫斗江湖,不是不争,而是会懂。

看到这里,我很欣慰。暖男就是不一样,他知道别人的需要,他懂得每个人都想得到张张的宠爱,他要跟邓邓一起守护张张。无奈,有人不守承诺,小屁急了,毅然重出江湖,继续争宠:

本想做清心寡欲之人,不闻不问,珍惜眼前人,安安静静过完六年级生活,然而……

是我实力弱了,还是邓邓变狂了?看到张张有人人都想吃的梨膏糖,我拿了一颗,邓邓瞬间拿出三颗炫耀,口水四射,屁股摇得比他家的lucky（一条宠物狗）还厉害。

我决定再次争宠,这一切,都是你们逼的。

我先占领张张的胃。牛奶,张张不爱喝冷的,热一热给她带去;张张有点低血糖,来点巧克力吧。我写了一张小纸条,兴冲冲往学校走。第一步计划成功。

……

这样的宫斗剧,一直就没有停过。在这样的争斗里,我看到了童年的纯真与美好,也享受孩子们争宠带来的甜蜜与温馨。

（四）

毕业典礼举行了,毕业证发放了,看着空荡荡的教室,我才回过神来。学校工作还没有结束,我坐在办公室整理各种资料。忽然看见遗落在一角的简评本。打开一看，是小屁的，打电话叫他来取。一摞简评中，有一本是寒假写的，没有逐一批阅，这会儿来了兴致，我慢慢翻看。哟，这小子给未来的自己写了一封信，我居然是信里的主角：

还有张张，那个你的伯乐，你一定记得去看她。长大以后，你再次看到这段话，就知道张张对你有多重要。算我求你好吗，无论多忙、多痛、多疲惫，那个张张依然会喊："刘小屁，你来啦！"添了几丝白发的张张，一定会在看到你的那一刻，多几丝欣慰……

暖男的话语，又一次暖到了我的心里。看着他们整天争过来比过去，无非是想得到我的关注而已。而我，才是那个一直被他们捧在手里的小孩，一直以来，享受着他们的陪伴和宠爱，幸福地走在每一个温润的日子里。

简评本静静地躺在桌上，我开会去了。会议结束回办公室，桌上的简评本不见了，一个精致的小蛋糕安静地等在那里，旁边躺着一张纸条，是小屁熟悉的字迹：

今后不能时常给你送蛋糕了……

我久久地凝望着蛋糕，心底涌起一阵浓浓的暖意。

我醉在徐徐微风里

（一）

徐徐曾经是个非常内向的女生。不要说课上举手发言了，课下见到我，也一副羞答答的表情。她像一株默默无闻的小草，在墙角怯怯地生长。

二年级期末考试，她好像考了双百分。几个孩子围着我聊天说，别看徐晗宁平时不声不响，期末考试总考得很好。我心里咯噔一下，意识到自己对徐徐的忽视。可是，后面很长一段时间，依然忽视了她——学习不要人操心、遵规守纪，从来没有跟人发生过口角，太过沉默而乖巧的她，真的容易成为老师的"漏网之鱼"。

（二）

徐徐的改变，从写"每日简评"开始。

她是写得最勤奋、坚持得最彻底的孩子。九月份，徐徐的每日简评开始发力，在9月写完一本。那个月写完一本的很少。徐徐不是最聪明的，但她的勤奋令人感动。徐徐对高星的追求，远远超过了我的想象，她曾在简评中讨伐我的不公：

简评本一如既往地发下来，厄运女神偏偏降临到我的头上，事实摆在眼前——闪着恶魔般红光的4.5星出现在眼前，什么？我看错了吗？我擦了擦"水灵灵"的眼睛，望着那血红的4.5……

不不不——我想对天直喊！讨厌的解钧翔又给我心窝捅刀子："哇，你写了这么多，才得四点五星？"还得意洋洋挥动着手中的简评本……

文末她留言：张张，看到我这么努力、写这么多的份上，能不能给我打个五星？

看到孩子的心声，我果断在简评排头潇洒地赏了"5星"，并留言：看到你如此勤奋的份上，赏你五星，耿直不？她的追加留言是"耿直。谢谢"。而后又是一篇长文，我又果断地打了五星。我知道，这样的五星对于勤奋的徐徐来说，是热情的唤起，是最好的奖励。第三天，她的简评依旧精彩。我打上五星，附上留言："三连杀！赞一个。"就是这个三连杀的五星，点燃了徐徐写作的热情，带给她极大的荣誉感，同学们羡慕的眼神成了她前进的动力，她终于扬眉吐气，甚至像邓义礼那样迈着"六亲不认的步伐"。

她用文字，记录了这些美好的心情：

张张格外开恩。第一天，得了五星，我不以为意；第二天，得了五星，我惊喜万分；第三天，又是那个限量的五星，重燃了我的斗志！我激动不已，却迎来同学们的羡慕嫉妒恨。得五星的日子里，我出了奇的幸运，那五星好似有魔力一般，我幻想着，在班上创下一个辉煌的纪录——拿五次五星……

徐徐的写作经历让我明白，给予孩子写作的信心，比教给孩子写作的技巧更重要。或许是我的留言和信任，给了她放开胆子写真话的勇气，她又写了一篇关于我的文章，成功登报，并选上了"佳作"：

浓妆艳抹的"张灭霸"

张老师走进教室，同学们都习以为常。可抬头的瞬间，闪瞎了我的狗眼。我看见了什么——那眉毛又黑又粗，以前的老师，眉毛黯然无色，那么短，那么浅，可现在呢？完全跟那看了就让人瑟瑟发抖的关公眉颇有一比了。

而那白白的脸蛋呢？当然是靠遮瑕膏和bb霜瞒天过海啰！

……

送你一句话："一瓶卸妆水，照亮你的美！"

真是一篇很有个性的文章。我喜欢孩子们这样真实而鲜活的表达。这篇文章不但上报，还被我评上了佳作。在讲评课上，我一再赞赏那些有意思的句子，最后那句"一瓶化妆水，照亮你的美"广告词的化用真是恰到好处。同学们也对这篇文章给出了很高的评价。讲评课上的徐徐，眼里盛满浓浓的笑意。真的不敢想象，一向内向羞涩的女孩，在发表和表扬的双重刺激下，居然写出如此犀利大胆的文字。

鼓励，扬起孩子写作的风帆。

（三）

两次，徐徐的每日简评让我流泪。

第一次，她说，我是她遇到的最好的老师。

第二次：

张张，谢谢你

……

你是我学习生涯中的一个转折点。以前写日记，因为没素材，我不管三七二十一，全靠编；你告诉我们，日记要"说真话、写真事"，如果没有你，我的作文到现在依然是东拼西凑吧。

……

我的语文成绩不断提高，考进班级前十，一切都是因为你来了。

你告诉我，每一个女孩儿都是天使。而你，就是那个培育天使的人……

因为你，姚睿那样的"差生"也努力向前。

以前我惧怕老师。因为你，我想长大以后也当一位老师……

读到这里，我深深吐了一口气，那是一种苦心被理解之后的如释重负。其实，孩子啊，我哪有你说的那么好。我急躁、要强，发起脾气来像火山喷发，也曾恨铁不成钢地对某些学生大吼大叫。我知道，那一刻的自己，很无助、很无力，也很丑陋。只是，你选择了宽容和遗忘。在这样的泛着温情的文字里，我因为愧疚和感动，眼睛泛潮。

因为一些生活中的难过和委屈，我在办公室伤心。其间朋友发来问候和安慰，说到心坎儿，我在她的文字里，隔着屏幕悄悄掉眼泪。这时候，下课铃声不合时宜地响起。孩子们来串门，看到了这一幕，尽管我把头埋得很低很低。一群娃娃把我围得水泄不通，有的递纸巾，有的拍肩膀，徐徐说："张张你不要哭了，谁欺负你了，我们十班帮你打回来。"我被徐徐这样一名侠肝义胆的小女子萌萌的话语逗笑了。孩子们看见我停止了哭泣，也乖乖退出了办公室。可是，第二天，批阅徐徐的每日简评，我又一次掉泪：

看着你通红的鼻头和泛着泪水的眼睛，知道我有多心疼吗？

……

张张，你已经够累的了，要处理班级事务，要办《周报》，还要操心你女儿的事情，张张，你已经这么多事情了，已经没有时间哭了。可你，还是躲在阴暗的角落悄悄拭泪……

张张，不要悲伤。你女儿回来看见自己引以为傲的妈妈一副沮丧的模样，心里一定不好受。

谁欺负你了，你不要一个人忍着，把不爽和委屈，都连着口水倾吐而出吧……

那天，徐徐的简评本里贴了一张亮绿色的便利贴，上面写着：愿你每天拥有好心情。还画了一个微笑的太阳。此后，那张小小的便利贴每天都会在简评本里，看到它，我总是会心一笑。

徐徐，一个腼腆害羞的女孩儿，用特有的方式，把一个学生能给老师的所有的爱和所有的暖，都给了我。每天看到她的简评本，总会泛起温情。原来，教书如此美好，文字如此让人幸福。

（四）

后来，徐徐也在我的文字里面，泪流满面。

那天，徐徐在每日简评里声嘶力竭地哭诉。跟弟弟强抢电视看发生了争执，妈妈打电话骂自己是傻子、成绩差，说毕业之后只能出去卖面条，还说妈妈拿自己和陈珂玥比，觉得自己一无是处。徐徐说，写简评的时候，自己是泪眼蒙眬的：

手机一阵响，奶奶把手机递给了泪眼蒙眬的我。我只敢把手机朝下，不敢面对视频里面的爸爸妈妈……

"你又跟弟弟争电视看了啊？"爸爸生气地对我大喊。我一声不吭，眼泪淹没了脸颊。

……

妈妈对我不依不饶，我一言不发。"我真的养了个猪，你毕业了，还是来卖面条吧！"……妈妈继续雪上加霜。奶奶又来点火了："人家作业七八点都做完了，你呢？天天挨到九点十点……"

他们为什么要这样，我知道自己不如别人，我努力了，可你们都没有看到！写到这儿，我的眼泪又落了下来……你们常常拿我跟别人比，想过我的感受没有，我常常活在别人的影子下，自卑得抬不起头来。

……

我多么渴望你们对我说一句："加油啊，女儿。"可是，幻想就是幻想，假的。

在你们的唾骂中，我的乐观坚强显得那么不堪一击。于是我戴上伪装的面具，实际上，我不是这样的人。在你们的面前，我的天性被一点点抹杀……

　　看到这些文字，我很心疼徐徐。这样一个懂事的孩子，小小年纪戴着伪装的面具生活，有多无奈啊。我在文末留言："委屈了，抱一下。老师心目中的那个徐徐，很努力！很勇敢！很懂事！"我知道，孩子需要的不过是一句鼓励与认可，被尊重、被呵护的感觉才是抚慰心灵的一剂良药。

　　这一天，我心神不宁。脑子里总盘旋着徐徐委屈流泪的画面。一直琢磨着，该怎么抚慰孩子小小的心灵，化解孩子和家人之间的矛盾。我不能一味相信孩子的文字，但也不能坐视不管。

　　晚上，我打开了徐徐妈妈的微信，把徐徐的文字拍下来发过去，徐徐妈妈很快回复，表达了自己的愧疚，同时也解释了一些情况。和我想象的一样，徐徐在情绪状态下的文字，还是有与事实不完全吻合的地方。不过，我的目的，是解开家长和孩子的心结。怎么才能除去徐徐心头的疙瘩呢？我想到了写信。夜深人静，我利落地打开电脑：

乖乖徐徐：

　　见信愉快！

　　首先想给你一个大大的拥抱，你受委屈了！

　　在我看来，你是个努力、懂事、幽默、乐观而有目标感的女孩。张张记得你一天写六页简评的超级纪录，记得在我哭泣时你给予的安慰，记得那句经典的"一瓶卸妆水，照亮你的美"，记得你面对谦虚的分数写下奋斗的豪言壮语，更记得你愿意为了超越自己，每日简评写到"手废"依然不放弃。在我的心目中，你就是那个可爱的天使。

　　可是，天使也有烦恼，就像老师也会哭泣。爸爸妈妈对你的期望变成了压力，爷爷奶奶和你的沟通有一些缝隙，弟弟妹妹的争抢也会让你受委屈。

　　感谢你，亲爱的徐徐，愿意把喜怒哀乐分享给我，愿意把心事说我听。在你这个年纪，其实真的挺不容易。我家有一个和你差不多大的姐姐，我真的了解你们在成长过程中那些莫名的情绪和压力。明明上一秒还好好的，下一秒会因为一句不经意的话语大发脾气，伤心、失落、压抑和委屈。是的，这个成长的过程，或许就叫青春期。

看到你的简评，我不知道是否句句属实。如果是真的，我愿意站在你这一边。爸爸妈妈怎么可以那样说你？尽管是一番好意。你不是傻瓜，也很努力。由于距离，他们或许看不到你的勤奋，但是张张全都看在眼里。一个愿意舍弃玩耍，写每日简评到深夜的孩子，怎么会不努力？一个愿意奋战到把手都"写废了"还不愿意停笔的女孩，怎么会不努力？一个因为考试不如意而伤心失落、自责叹气的女孩，怎会不努力？你是努力的，只是爸爸妈妈没有看到而已。

乖乖，在张张的眼里，你真的就是一位善良的天使，就算数学不尽如人意，只要足够的勤奋，总有一天，灵感也会光顾你。孩子加油。委屈的时候，蹲下来，抱抱自己。还可以用笔，把满腹的心事，通过小小的笔，告诉张张，如果你愿意。或许，我帮不到你太多，但是，我愿意当你情感的垃圾桶，也愿意像个大朋友一样站在你的角度，尽我所能开导你。就算有一天，你毕业了，依然可以像现在这样和我保持联系。

可是，作为大朋友，还是想啰唆几句。这啰唆，或许你不喜欢听，但我还是想说。毕竟，张张还有另外一个身份，你的老师。需要在你迷茫的时候，给你一点点方向。

孩子，成长不易、大人不易，且行且珍惜。先不说他们打工的辛酸，他们在骂你的时候，自己也很伤心。特别是挂掉电话之后，在看不到的屏幕那端，妈妈或许正无力地叹气。说这些，不是要增加你的负罪感，而是希望你也站在妈妈的角度，体会她的期许和不易。当然，这样的教育方式是不对的，但爸爸妈妈毕竟不是专业人士，他们也是第一次当父母，没有经验，也需要成长；张张作为一个教育工作者，有时候依然会控制不住自己，对女儿发脾气。你不知道，很多父母都会犯你爸爸妈妈一样的错误，只是有的人选择了宽容或者忘记。你说得对，你是他们身上掉下来的肉呀，怎么可能不珍惜。不要怀疑，爸爸妈妈无论怎样批评你、责骂你，甚至是打你，但他们绝不会放弃爱你。

你是个懂事的孩子。还记得你劝爷爷戒烟，担心他的身体；还记得生日的时候，奶奶送给你的大鸭腿，那就是幸福的爱。有些爱是甜的，有些爱是苦的。爸爸妈妈对你的爱过重，让你有了压力，张张也会在适当的时候提醒他们调整方式。总之，你们是一家人，相信不管如何，爱会化解所有的委屈、误会和矛盾。就像你鼓励张张时说的那样："笑一笑，就会看到明天的太阳。"

我希望，明天能看到那个咧开嘴角，一笑就露出上了钢镚牙套的徐徐！

爱你的张张

2018年12月28日晚，于灯下

女孩儿的心，总是柔软的。情绪平复之后，那个懂事的徐徐又回来了。后来，她写了一篇《爸爸妈妈对不起》。文末，她说：

妈妈将我带到了这个世界，我居然去憎恶她，她默默无闻，我却把她的付出当做微不足道。妈妈，我错了……

此刻，抹干了泪水，我想给妈妈深深地鞠一躬。可是爸爸妈妈却身居异乡，我听不到他们的话语，摸不到他们粗糙的手掌，也感受不到他们的呼吸，思念在心中流淌。爸爸妈妈，对不起，你们能原谅我吗？

我又看到了那个善良的天使，她拿起笔，满脸歉意地坐在灯下，思念着远方的爸爸妈妈。

当然，爱我的徐徐是不会忘记回应的：

微信提示音响起，映入眼帘的是一篇长长的文章，呆滞了几秒，眼眶一红，竟然不由自主哭了起来。张张，谢谢你。

窗外静悄悄的，在这漫漫黑夜里，有一间房子的灯亮着，一个女孩儿，手里的笔和纸互相碰撞，正写着她深爱的老师……

"帮助我、呵护我，关心我"，这就是那个我心目中最独特的老师。你，就是十班那个独特的六十二号，时常让我落泪的第二个母亲……

简评，让我们走得更近；书信，让我和徐徐心连心。从那以后，可爱的徐徐，成了我真正的好朋友。

（五）

徐徐越来越爱写简评了。六年级上学期，她写了六本厚厚的简评。那个寒风料峭的十二月，她告诉我：

"你若长发及腰，我的每日简评已堆积如山。那时，或许你满头银丝，而我也成了现在的你，一心一意，批阅着别人的心事……"

我抬起头来，窗外的树叶沙沙作响，在冬日徐徐的微风里，我醉了……

后记

遇　见

一切因为一场遇见。

2018年暑假，成都。"行知研习营"里，我成了管建刚的见习徒弟。于是，跟着师父办《班级作文周报》。我沉浸在作文教学的幸福里无法自拔。孩子们把我当成亲密无间的朋友，幸福、烦恼、甜蜜都通过笔端倾诉，我一次次被孩子们的真诚和信任感动。我们之间有太多的故事，忍不住记下来，分享在"管家军"群里。

师父鼓励我："登慧，坚持记录你跟孩子的故事，争取出版。"

这些鸡毛蒜皮可以出版？忐忑中有被幸福砸晕的恍惚。

2019年夏天，云南。"管家军"再一次相遇在"行知研习营"。饭桌上，师父提醒我们坚持记录，做一个写作的实践者。他说："写着写着就写好了。张登慧不是越写越好了吗？"我嘴里谦虚着，心里得意着。

"明年，你来研习营签名售书。"师父亲切地跟卉琴师姐交代，"后年，你们在座的谁来？"说着，师父意味深长地看了我一眼。那一刻，内心的激动再一次点燃我写书的梦想。

云南归来，我行动了。在文字里，回忆着跟孩子们在一起的点点滴滴，那些幸福的日子，仿佛如昨。

卉琴师姐在百忙之中看完了书稿，提出了修改意见，她鼓励我："你的书稿让我再一次动了重回讲台的念想。故事背后的思想，对我们相对落后的山区教师来说简直是颠覆性的，给人以很大的启迪。真希望你的书快点出版，温暖更多的人。"

我长长舒了一口气：原来，我的书稿还不是太差劲。

这才敢把书稿发给师父。按照他的指导，再次进行修改、删减。五月的鲜花簇拥着平湖万州，我的书稿在这个美丽的季节完成。故事里的孩子们已经初二，他们常回母校看我，一次次逼问："张张，你的书什么时候可以出版？"他们也在期待着我的"第一个孩子"的诞生。

现在，我真的写成了一本书！

这本书背后，凝聚了很多人的期许——

感谢甘肃的董新民师兄，为本书目录的拟写提供真诚的帮助。

感谢卉琴师姐百忙之中的校对和期待。

感谢杨清军校长，给予我足够的宽容、鼓励和关怀。

感谢师父，带我走上了"后作文教学"。前行的路上，有师父引领，即使荆棘丛生，我也风雨无阻。

由此，我遇见了美丽的自己。

张登慧

2021年5月

三角梅簇拥的平湖万州，美